Gerhard Wagner

Alltag auf der Burg

Alternative Fakten über das Leben im Mittelalter

*Gewidmet meiner Frau Sabine,
die mit mir zusammen 20 Jahre lang
den Alltag auf der Burg geteilt
und mich darin bestärkt hat,
dieses Buch zu machen.*

Gerhard Wagner

Alltag auf der Burg

Alternative Fakten über das Leben im Mittelalter

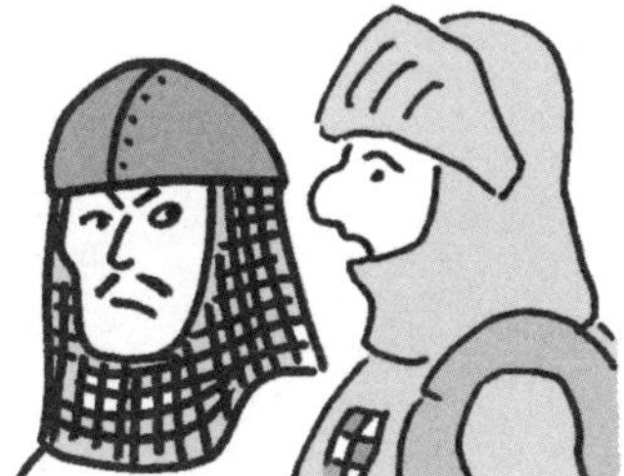

Vom selben Autor sind erschienen:
„Schwein gehabt! Redewendungen des Mittelalters"(2010)
„Wer's glaubt wird selig! Redewendungen aus der Bibel" (2011)
„Das wissen die Götter! Redewendungen aus der Antike" (2012)

Gerhard Wagner, Alltag auf der Burg
1. Auflage

Gartenstraße 3, 54550 Daun

Einbandgestaltung, Layout und Satz: G. Wagner

Printed in Czech Republik 2021
ISBN 978-3-95540-371-3

www.regionalia-verlag.de

FSC www.fsc.org
MIX
Papier aus verantwortungsvollen Quellen
FSC® C014138

Gelöste und ungelöste Rätsel des Mittelalters

Das Mittelalter. Eine Zeit der Dunkelheit – wenn die Sonne untergangen war, war der Tag zu Ende. Eine Zeit der Langsamkeit – das schnellste Fortbewegungsmittel war das Reitpferd. Eine Zeit der Ruhe – das lauteste Geräusch war das des Schmiedehammers. Und doch war das Mittelalter eine Zeit der Innovationen, wie unsere kleinen Exkurse in die Zeit zwischen der Jahrtausendwende und dem Dreißigjährigen Krieg zeigen werden. Erfindungen, die auch heute noch etwas bedeuten und ohne die unser Leben ärmer wäre. Und sind einige unserer modern anmutenden Gegenstände womöglich nicht eigentlich schon Jahrhunderte alt?

Folgen Sie mir also in die Zeit der Ritter und Mönche, der Burgen und Klöster, der Bergfriede und Folterkammern. Und stellen Sie fest, dass selbstverständlich vieles durch die Wissenschaft erforscht ist – aber gibt es vielleicht auch andere Erklärungen? Haben Burgbewohner tatsächlich fünf Liter Wein am Tag getrunken? War Pech wirklich eine Defensivwaffe? Wurden die Butterfass-Bergfriede oben schmaler erbaut, weil das den Erbauern so gefiel? Vielleicht sind die eigentlichen Zusammenhänge deswegen in der Forschung nicht weiter verfolgt worden, weil sie nicht in das eine oder andere Weltbild passten? Im Zeitalter der alternativen Fakten wird in diesem Buch versucht, einige Phänomene des Mittelalters und der angrenzenden Zeit ganz unvoreingenommen neu zu interpretieren. Der Laie wird sich wundern und der Wissenschaftler womöglich die hohe Stirn runzeln, aber war die Welt nicht auch jahrhundertelang flach, bis jemand auf die Idee kam, dass es sich dabei möglicherweise auch um eine Kugel handeln könnte?

Die kleine Reihe mit gelösten und ungelösten Rätseln des Mittelalters erschien zunächst als Serie zwischen Dezember 2004 und März 2021 im drei Mal pro Jahr erscheinenden Mitgliedermagazin der Deutschen Burgenvereinigung e.V. (DBV). In insgesamt 50 Folgen wurden Phänomene aufs Korn genommen, die entweder im mittelalterlichen Alltag auf einer Burg – der Autor lebte und arbeitete 20 Jahre als Geschäftsführer der DBV auf der vereinseigenen Marksburg bei Koblenz am Rhein – auftraten oder durch Ereignisse oder Diskussionen innerhalb der Burgenvereinigung inspiriert waren. So war die 2013 erfolgte Wahl der ersten Frau in das Präsidentenamt der Vereinigung ein Anlass, diese Neuerung zu kommentieren. Oder die – für einen Verein ja so typischen – inhaltlichen Auseinandersetzungen in den Vereinsgremien. Oder der Druck, unter dem der Burgvogt stand, die Kosten der Restaurierungsarbeiten im Griff zu behalten. Oder der Bezug auf die Besitzgeschichte der Marksburg. Oder zuletzt auch der bevorstehende Auszug des Verfassers aus der Burg nach Ende seiner beruflichen Tätigkeit für die DBV. Aber auch aktuelle nationale oder sogar internationale Ereignisse regten zum Karikieren an: das monatelange Ringen um eine neue Koalition nach der Wahl 2017, der Regierungswechsel in den USA 2017, der Brexit, das Jubiläum „500 Jahre Reformation" und auch die Fußball-Europameisterschaft 2016 lieferten Ideen zur Reihe; auch die Corona-Pandemie wurde in ihrer noch nicht so dramatischen Anfangsphase aufs Korn genommen.

Die einzelnen Episoden sind dadurch charakterisiert, dass sich zunächst der jeweilige Text einem Phänomen oder einer Tatsache widmet. Die zugehörige Graphik – wie im Original in den DBV-„Mitteilungen" mal in Grautönen oder als Strichzeichnung – illustriert das Problem bzw. liefert eine alternative Antwort. Die Cartoons werden für sich sprechen, so dass eine konkrete Zuordnung hier nicht notwendig erscheint. Die einzelnen Folgen können aber durchaus auch für sich stehen, der politische oder zeitgeschichtliche Bezug spielt zum Verständnis der dazugehörigen Texte und der Pointen keine wichtige Rolle. Nicht übersehen werden darf übrigens auch die Überschrift, die ihrerseits das Phänomen noch aus einem anderen Blickwinkel auf den Punkt bringt.

Auf Wunsch vieler Mitglieder der Burgenvereinigung erscheint nun, leicht überarbeitet, die Reihe in einer Gesamtausgabe zum Nachlesen. Viel Spaß!

Gerhard Wagner

INHALT

Die Erfindung des Minderwertigkeitskomplexes

Wie wir heute wissen, war ein Bergfried, der Hauptturm einer Burg, eher im Ausnahmefall das, was in den meisten Burgführungen darüber erzählt wird, nämlich Rückzugsort für die Burgmannschaft im Belagerungsfall. Die allermeisten Bergfriede, wenn sie nicht gerade Donjon-Ausmaße hatten, waren für eine wochenlange Belagerungsphase gar nicht geeignet. Unter anderem die Wasserversorgung war eher dürftig, wenn es nicht zufällig im Turmkeller eine Quelle oder einen Brunnen gab. Außerdem: So eine Belagerung fand ja nicht alle paar Tage statt, sondern manchmal nur alle Jahrhunderte, manchmal gar nicht. Insofern darf als gesichert gelten, dass neben der wichtigen Funktion als Wachturm, also Frühwarnsystem, der Hauptturm der Burg repräsentativen Charakter hatte, nach dem Motto: Wer hat den längsten respektive höchsten. Um es deutlich zu sagen: Was heute die Motorhaube ist, war damals der Bergfried!

Französische und englische Burgen haben meist keinen der für Mitteleuropa typischen schlanken Bergfriede, sondern einen Wohnturm, der bis zu 30 Meter dick sein konnte. Dieser Turm wird in Frankreich Donjon, in England Keep genannt.

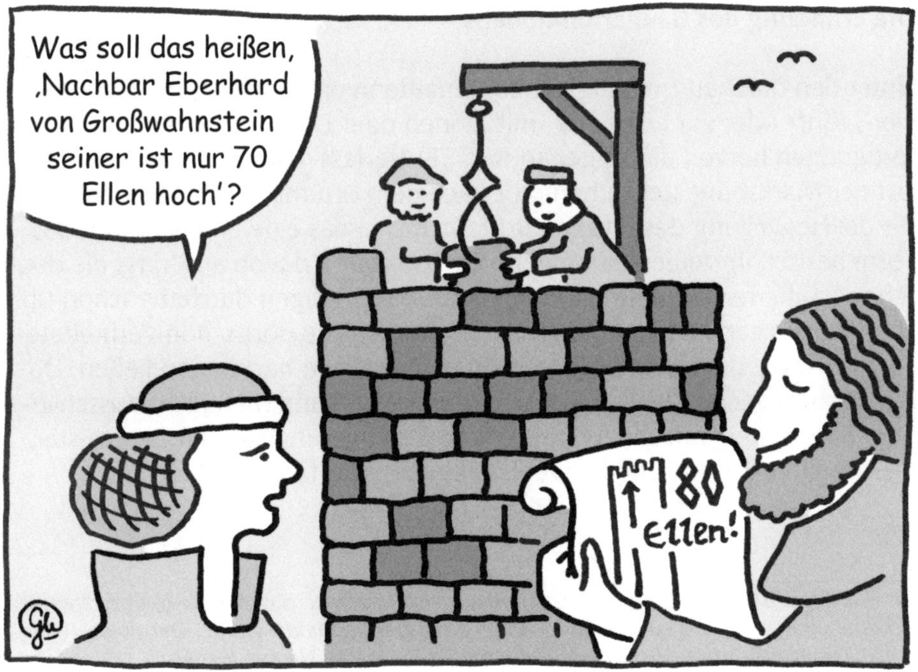
Was soll das heißen, ‚Nachbar Eberhard von Großwahnstein seiner ist nur 70 Ellen hoch'?
80 Ellen!

Die Erfindung des Bauherrenmodells

Unter den durchaus mannigfachen Varianten von Bergfrieden – rund, drei-, vier-, fünf- oder gar achteckig, mit Zinnen oder Dach – stechen Spezialanfertigungen hervor, die so genannten „Butterfass-Türme" (von denen einer auf der Marksburg steht), benannt nach dem urtümlichen hölzernen Gerät für die Herstellung des fettigen Brotaufstrichs, das eine entfernt ähnliche Form besitzt. Im Allgemeinen geht die Forschung davon aus, dass die deutschen Bauherren bei ihren, auch damals unter Adligen durchaus schon üblichen Reisen nach Italien und Frankreich auf solche dort schon verbreitete Turmaufsätze stießen und diese in ihren Territorien nachbauen ließen. Da die diesbezügliche Quellenlage eher dürftig ist, kann man nicht ausschließen, dass der eigentliche, ursprüngliche Beweggrund für den Baumeister, diese Architekturvariante zu wählen, ein eher profaner war...

Ein Butterfass ist ein früher weit verbreiteter, meist hölzerner, aus zwei Teilen bestehender Behälter, in dem mittels eines Stößers Rahm zu Butter gestampft wurde. Der obere Teil war schlanker als der untere, was dem gleichnamigen Turm den Namen verlieh.

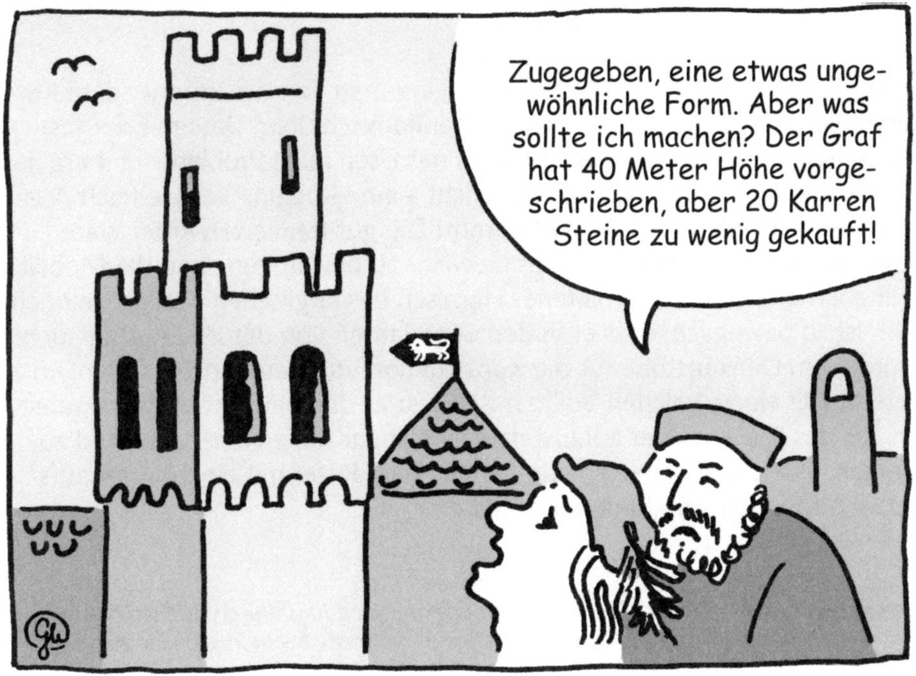
Zugegeben, eine etwas ungewöhnliche Form. Aber was sollte ich machen? Der Graf hat 40 Meter Höhe vorgeschrieben, aber 20 Karren Steine zu wenig gekauft!

Die Erfindung der Schwerelosigkeit

In der Rüstung des späten Mittelalters ging man von der Brünne, dem Kettenhemd oder Ringelpanzer, zum Plattenharnisch über. Dass mit der fast vollständigen Verkleidung des Körpers mit Eisen auch Probleme einhergingen, leuchtet ein. Eines war das Gewicht – eine Rüstung wog je nach Ausführung manchmal über 30 Kilogramm! Die gut trainierten Ritter waren aber durchaus in der Lage, dieses Gewicht zu bewältigen. Und die Mobilität war auch gegeben: Ein erhaltener Harnisch des englischen Königs Heinrich VIII. ist so beweglich, dass er in den 60er-Jahren von der NASA untersucht wurde, um Denkanstöße für die Konstruktion von Raumanzug-Gelenken zu liefern. Mit einem solchen Vollharnisch war es durchaus möglich zu laufen, im Fall des Falles wieder aufzustehen und sogar ohne Hilfe aufs Pferd zu steigen. Wie das Klischee entstanden ist, dass Ritter mit einem Kran aufs Schlachtross gehievt wurden, ist unklar...

Heinrich VIII., von 1509 bis 1547 König von England (und für seine sechs Ehen bekannt), war ein athletischer Mann mit der für damalige Verhältnisse beeindruckenden Körpergröße von fast 1,90 m. Entsprechende Ausmaße hatte seine Rüstung.

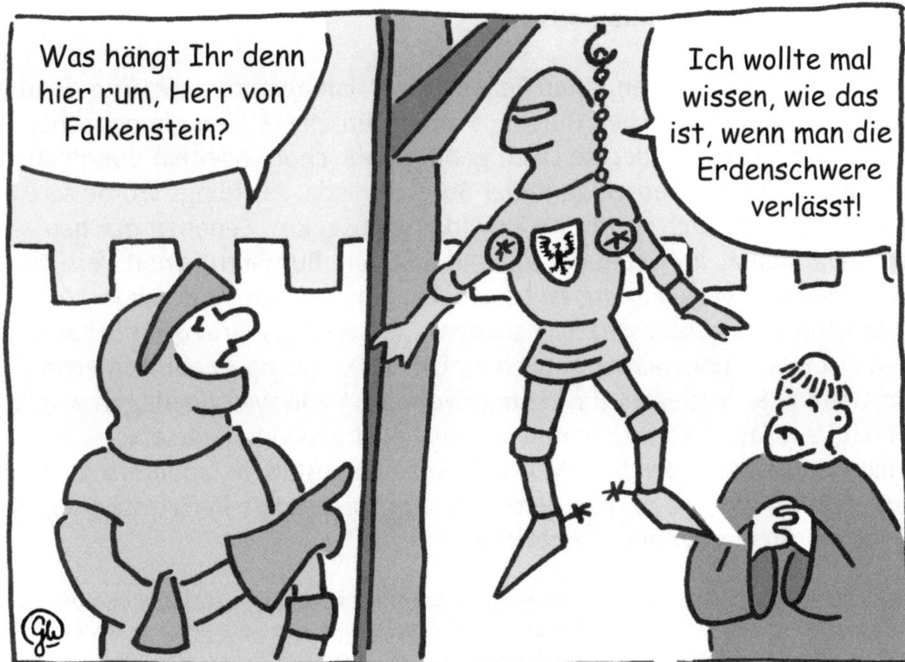
Was hängt Ihr denn hier rum, Herr von Falkenstein?
Ich wollte mal wissen, wie das ist, wenn man die Erdenschwere verlässt!

Die Erfindung des Weinbrands

Viele der Burgen wurden durch Feuersbrunst dahingerafft. Allerdings waren die meisten Brandursachen durchaus unkriegerischer Natur: Ein einfacher Blitzschlag ins strohgedeckte Dach genügte oft schon, oder ein überhitzter Backofen, oder Funkenschlag in der Burgschmiede. Allerdings wurde so ein Brand auch oft durch feindliche Einwirkung ausgelöst. Feuer zu machen – und zwar überall im Gebäude! – und damit dem Burgherrn einen Versicherungsfall ohne Versicherung zu bescheren, gehörte damals durchaus zum guten Ton bei Nachbarschaftsbesuchen… Ein weiterer Grund für Schadensfeuer ist relativ unbeachtet geblieben. Um 1300 gelang es nämlich erstmals, ein Getränk herzustellen, das dem gewohnten Wein weit überlegen war. Durch Destillation konnte man eine Flüssigkeit gewinnen, die einerseits nach Genuss das subjektive Weltbild ganz neu gestaltete, andererseits nicht ungefährlich war, wenn man versuchte, hochprozentige Partyreste beispielsweise im offenen Kamin zu entsorgen.

Alchemisten waren im Prinzip frühe Chemiker oder Pharmazeuten, deren Ziel es meist war, mittels chemischer Prozesse – oder was sie dafür hielten – niedere Elemente in höhere zu verwandeln, also zum Beispiel Eisen in Gold.

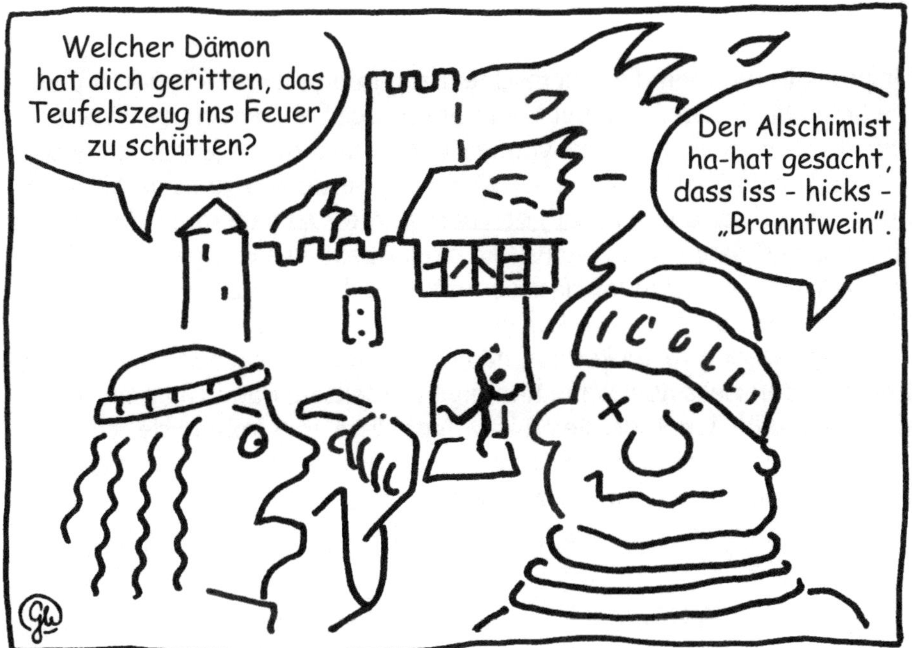
Welcher Dämon hat dich geritten, das Teufelszeug ins Feuer zu schütten?
Der Alschimist ha-hat gesacht, dass iss - hicks - „Branntwein".

Die Erfindung der Überbrückungshilfe

Ursprünglich wurden die – ziemlich einfach gezimmerten – Brücken über die tiefen Burggräben, die bei Niederungsburgen auch noch mit Wasser gefüllt waren, wohl komplett von der Burgbesatzung abgebrochen, wenn sich ein Feind näherte. Dem unerwünschten Besucher war es damit ohne größeren Aufwand unmöglich, sich dem Burgtor zu nähern. Leider war es eine noch größere Mühe, die Brücke nach Abzug des Belagerers wieder aufzubauen. Kein Wunder, dass der mittelalterliche Hausbesitzer auf die Idee kam, eine Brücke so zu konstruieren, dass sie zwar ihren eigentlichen Sinn und Zweck erfüllen konnte, nämlich die Burg trockenen Fußes zu betreten, andererseits aber ohne unnötigen Arbeitsaufwand zügig entfernt werden konnte, wenn der Feind kam. Vor allem aber konnte sie schnell wieder ihren Betrieb aufnehmen, wenn der Anlass des Entfernens als weniger feindlich erkannt worden war…

Zugbrücken waren erstaunlich leicht zu bedienen; ein Mann reichte, um die schwere Holzkonstruktion mittels eines im Tor hängenden Gegengewichts hoch zu ziehen.

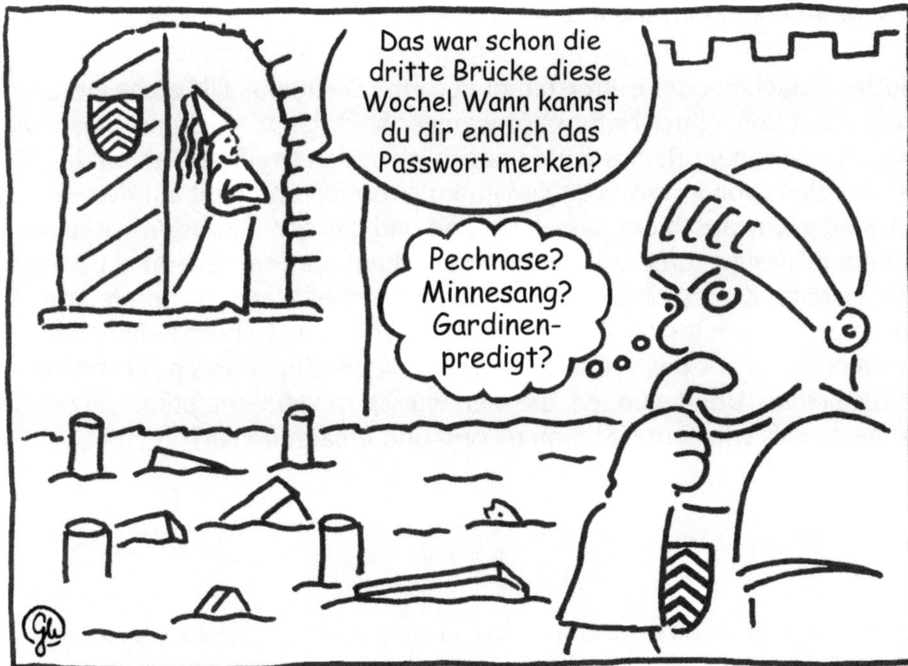
Das war schon die dritte Brücke diese Woche! Wann kannst du dir endlich das Passwort merken?
Pechnase? Minnesang? Gardinen-predigt?

Die Erfindung der Stromlinie

Flottes Aussehen oder echter Tempogewinn? Die heute alltägliche Gestaltung selbst von – ihrer Natur nach weniger hektischen – Gegenständen wie Staubsaugern oder Radios wurde angeblich in den Dreißiger-Jahren des 20. Jahrhunderts von innovativen Designern erfunden und geht auf den Geschwindigkeitsrausch der damaligen Zeit und das sich daraus entwickelnde Automobildesign zurück: die Stromlinie. Schaut man sich aber mal bei 700 Jahre älteren Karosserieformen um, so wird schnell klar, dass unsere Vorstellungen überholt sind: Offenbar gab es schon zur Zeit der Eisenmänner Bestrebungen, aus der Verkleidung des Verkehrsteilnehmers das Letzte herauszuholen – Überlegungen, die merkwürdig modern anmuten. Die offene Frage damals wie heute: Stimmen Form und Inhalt überein?

Der Siegeszug des Stromliniendesigns wurde vor allem durch die Tempo-Euphorie am damaligen Beginn des Flugzeugzeitalters ausgelöst.

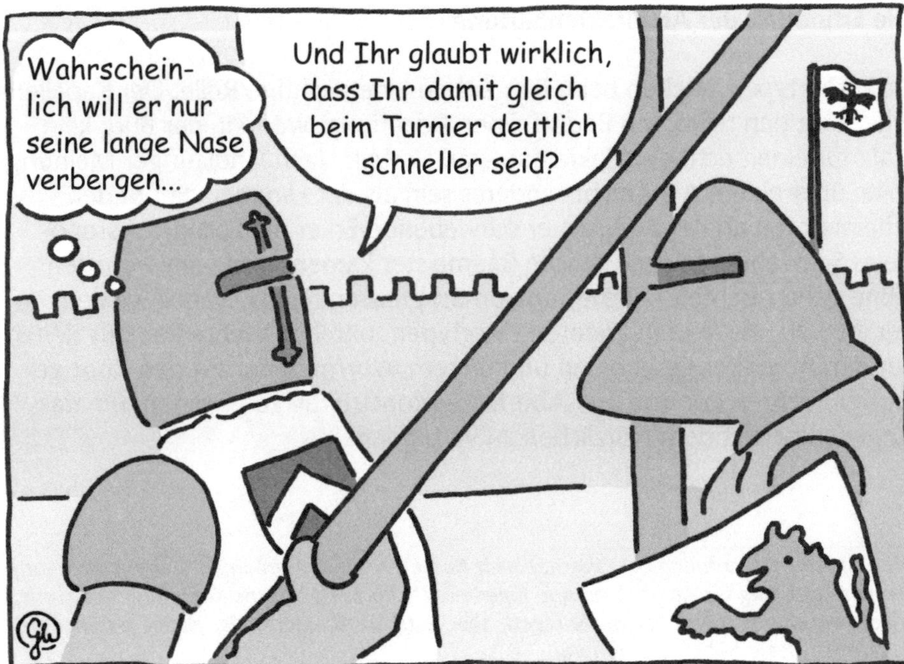
Und Ihr glaubt wirklich, dass Ihr damit gleich beim Turnier deutlich schneller seid?
Wahrscheinlich will er nur seine lange Nase verbergen...

Die Erfindung der Architektenhaftung

Drei Erkertypen spielten beim Burgenbau eine wichtige Rolle. Der Kapellenerker trug den religiösen Bedürfnissen Rechnung, wenn in der Burg kein Platz für einen richtigen Sakralbau war. Vorteil: Nach landläufiger Meinung sollte über einem Altar nichts anderes sein als der Himmel; da bot der scheinbar frei an der Burgmauer schwebende Erker die Lösung. Apropos freies Schweben: Fortschrittliche Baumeister kamen nach – im wahrsten Sinne geharnischten – Protesten von Burgherren relativ schnell wieder von der Idee ab, die beiden anderen Erkertypen, nämlich Wehrerker, aus denen auf den Angreifer geschossen und diesem Wurfmaterial auf den Kopf geworfen werden konnte, und Aborterker konstruktiv zu vereinen, um das Angenehme mit dem Nützlichen zu verbinden...

---

*Die „***H***aftungsverordnung bei* **O***berflächlich* **A***usgeführten* **I***ntimräumen" nimmt die heutige „Honorarordnung für Architekten und Ingenieure", kurz HOAI, aufs Korn, eine Vorschrift, die die Bezahlung dieser Fachleute regelt, aber lästig für Bauherren ist, denn: je höher die Baukosten, desto höher das Honorar.*

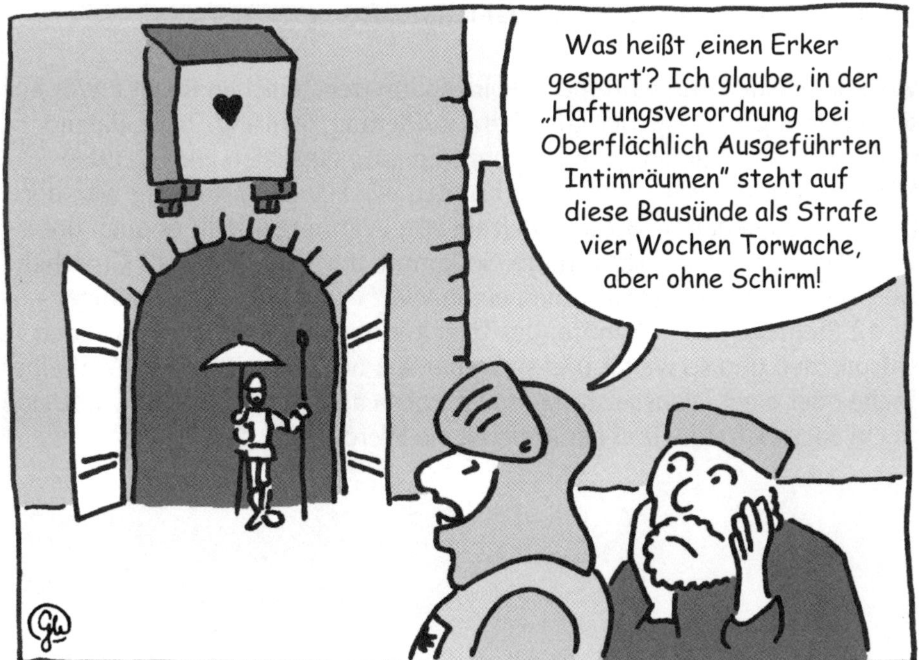
Was heißt ‚einen Erker gespart'? Ich glaube, in der „Haftungsverordnung bei Oberflächlich Ausgeführten Intimräumen" steht auf diese Bausünde als Strafe vier Wochen Torwache, aber ohne Schirm!

Die Erfindung des bargeldlosen Zahlungsverkehrs

Viele der kleinen Fürstentümer, die im spätmittelalterlichen Reich etwas auf sich hielten, gaben eigenes Geld heraus. Pfennig, Schilling, Taler, Batzen, Heller, Kreuzer, Gulden galten gleichzeitig, und die vielen kursierenden Münzen führten dazu, dass es für Kunden wie Händler schwierig war, den Überblick zu behalten. Bei der Vielzahl von Währungen gab es auch unterschiedliche Umrechnungssysteme. So konnte der Taler 20 bis 48 Groschen wert sein, während der Groschen einen Wert von mehr – oder weniger – als 12 Pfennige haben konnte; der Taler konnte aber auch einem Gulden entsprechen und so weiter und so weiter. Da bot es sich an, den Wert einer Sache oder einer Dienstleistung in Naturalien anzugeben. Ein Sack Getreide ist ein Sack Getreide, und ein Pferd ist ein Pferd.

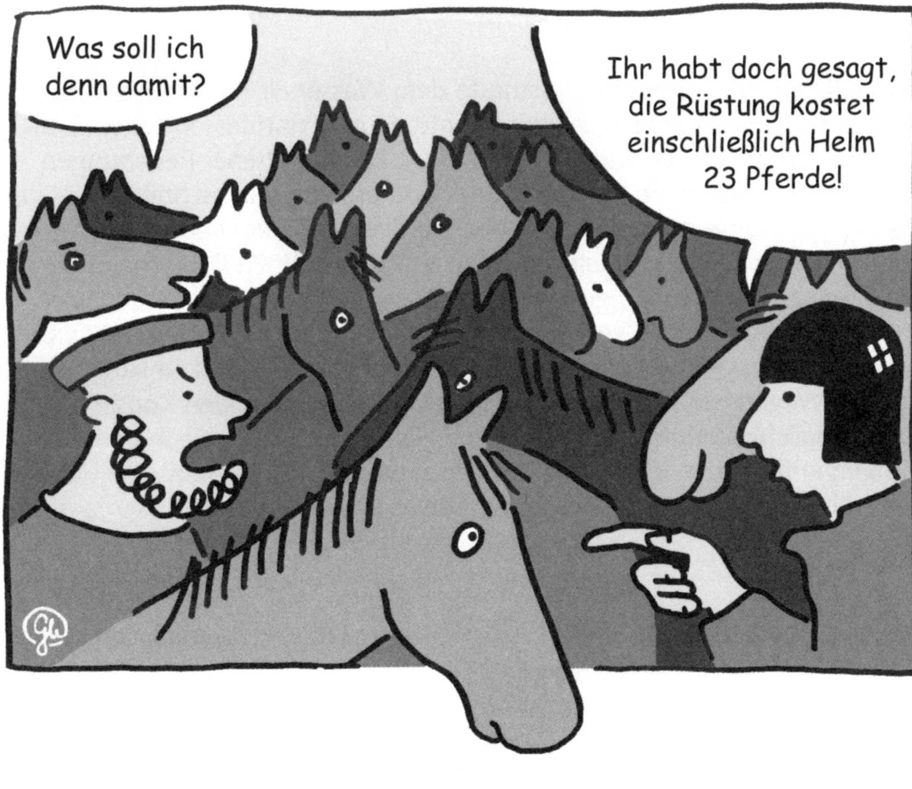
Was soll ich denn damit?
Ihr habt doch gesagt, die Rüstung kostet einschließlich Helm 23 Pferde!

Die Erfindung des Glühweins

Der mittelalterliche Mensch misstraute dem Wasser als flüssige Nahrung, weil es Krankheitskeime enthalten konnte. Er griff stattdessen lieber zu alkoholischen Getränken wie Bier oder Wein. Laut erhaltener Rechnungen sollen im Mittelalter pro Burgbewohner und pro Tag durchschnittlich 5 Liter Wein (!) konsumiert worden sein (der allerdings mit dem heutigen nicht vergleichbar war – er enthielt nur 5 Prozent Alkohol). Endlich scheint die Diskrepanz zwischen den gesicherten Quellenbefunden und der in vielen Selbstversuchen ebenso gesicherten Gewissheit, dass kein Mensch Tag für Tag solche Mengen, schon gar nicht mit Alkoholgehalt, trinken kann, aufgeklärt: Wegen der damals mangelhaften bis ungenügenden Konservierungsmöglichkeiten musste nämlich die Hälfte der 5 Liter, die in den Rechnungen auftauchen, leider weggeschüttet werden. Möglicherweise wurde die Brühe einem anderen Verwendungszweck zugeführt...

Sobald eine Flüssigkeit mindestens 2,5 Prozent Alkohol enthält, ist darin kein mikrobiologisches Leben mehr möglich. Merke: Alkohol ist giftig!

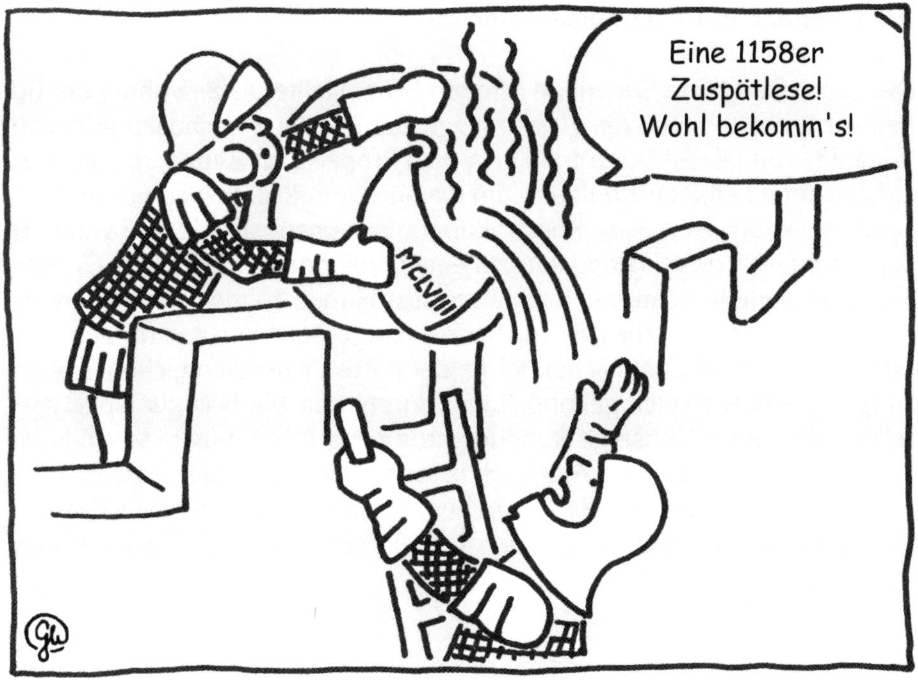
Eine 1158er Zuspätlese! Wohl bekomm's!
MCLVIII

Die Erfindung des Rotationsprinzips

Die Zubereitung von Braten am offenen Feuer stellte die Bewohner der Burgen vor Probleme, was die gleichmäßige Garung des Fleischbatzens betrifft. Vorläufer von Daniel Düsentrieb ersannen Propeller im Kamin, die die dort aufsteigende heiße Luft nutzten, um die Spieße in Rotation zu versetzen. Leider funktionierten diese Konstruktionen nur unzuverlässig und waren reparaturanfällig. Aus England kam da eine revolutionäre Erfindung. Die tierlieben Insulaner machten sich zunutze, dass Hunde zu mehr taugen als nur zur Jagd und als tierisches Wachpersonal. Eingesperrt in einen runden, einem Laufrad nicht unähnlichen Käfig, der mittels einer sinnreichen Übersetzung mit dem Bratspieß gekoppelt war, sorgten die vierbeinigen Spießgesellen für eine gleichmäßige Rundumgarung. Natürlich musste so ein Hund in Kauf nehmen, dass sein Arbeitsplatz recht nah beim Feuer war; aber auch für gelegentliche Opfer von hohen Temperaturen hatten die Zeitgenossen von Richard Löwenherz eine Verwendung...

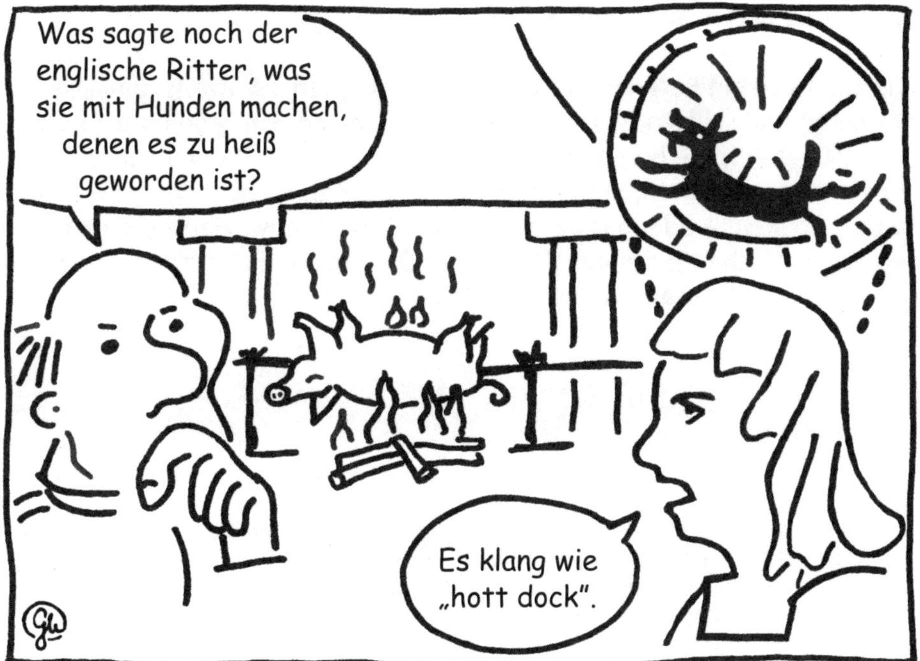
Was sagte noch der englische Ritter, was sie mit Hunden machen, denen es zu heiß geworden ist?
Es klang wie „hott dock".

Die Erfindung der Gegensprechanlage

Wie kann sich ein Burgherr vor unliebsamen Gästen schützen, zumal bewaffneten und schlecht gelaunten, die dazu neigen, eine eben noch gastfreundlich geöffnete Burg kurzerhand niederzubrennen? Wie kann man, ohne das Tor zu öffnen, herausbekommen, ob Freund oder Feind vor der Zugbrücke steht – oder gar Verwandtschaft? Innovative Hausherren ersannen eine einfache Kommunikationsform, die ganz ohne Elektrizität oder gar Funkwellen und doch zuverlässig funktionierte...

Es gab tatsächlich eine spezielle Form von Mauerscharten, in deren Öffnung hölzerne Kugeln steckten, die in der Mitte ein Loch hatten. Diese konnten wie ein Kugelgelenk bewegt werden, so dass durch sie hindurch gefahrlos das Umfeld der Burg inspiziert werden konnte. Die „Post" wurde allerdings erst im 16. Jahrhundert als regelmäßiger Dienst über weite Entfernungen eingeführt und von der Familie Thurn und Taxis organisiert.

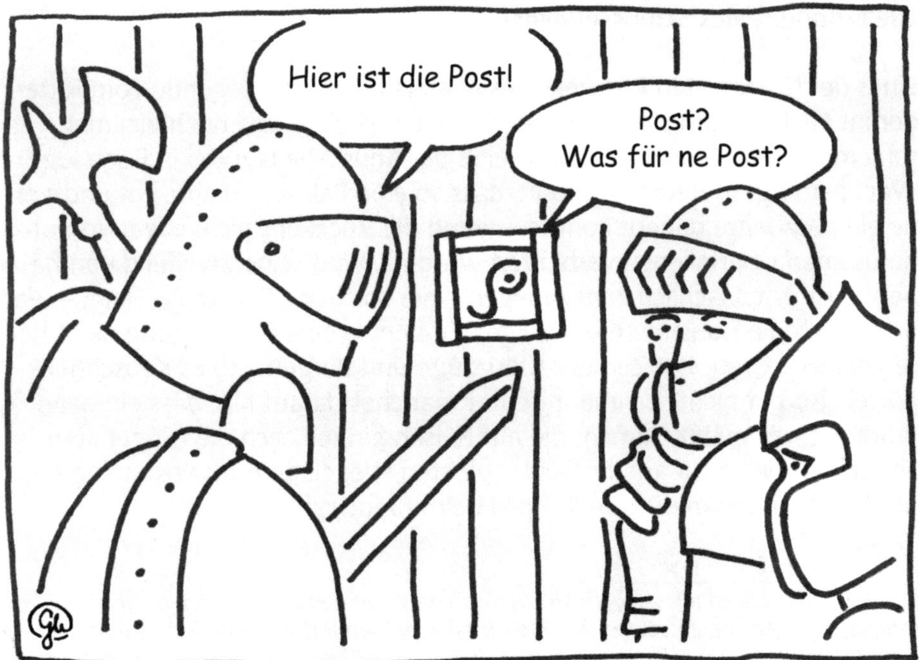
Hier ist die Post!
Post?
Was für ne Post?

Die Erfindung des Schlüsseldienstes

Eines der beliebtesten Klischees des Mittelalters ist die Legende vom Ritter, der ins Heilige Land zieht und, da er seinem Weib – und noch viel mehr seinem Kastellan – misstraut, dasselbe per Keuschheitsgürtel in Eisen legt. Wer allerdings in Rechnung stellt, dass so eine Palästina-Fahrt gut und gerne ein paar Jahre dauern konnte – wenn die Rückkehr nicht sogar von unduldsamen Überfallenen verhindert wurde –, wird seine Zweifel daran haben, dass es tatsächlich zum Anlegen einer solchen „Parkkralle" kam – war doch auch die Hausfrau eine Adlige, die sich so eine Demütigung nicht hätte gefallen lassen. Zur Zeit der Kreuzzüge und Burgen gab es Keuschheitsgürtel also gar nicht. Vielmehr deutet manches darauf hin, dass ein paar Jahrhunderte später Damen, die auf Reisen gingen, sich die Dinger zum Schutz vor nicht nur auf ihr Geld erpichten Wegelagerern selbst anlegten, um heil anzukommen, zum Beispiel beim Bräutigam...

Die Kreuzzüge waren alles andere als Urlaubsreisen. Mit den damals noch durchaus verbesserungswürdigen Seefahrzeugen war die Mittelmeerüberfahrt von Italien nach Palästina ein echtes Wagnis, was aber für den Landweg durch den Balkan und Kleinasien ebenso galt.

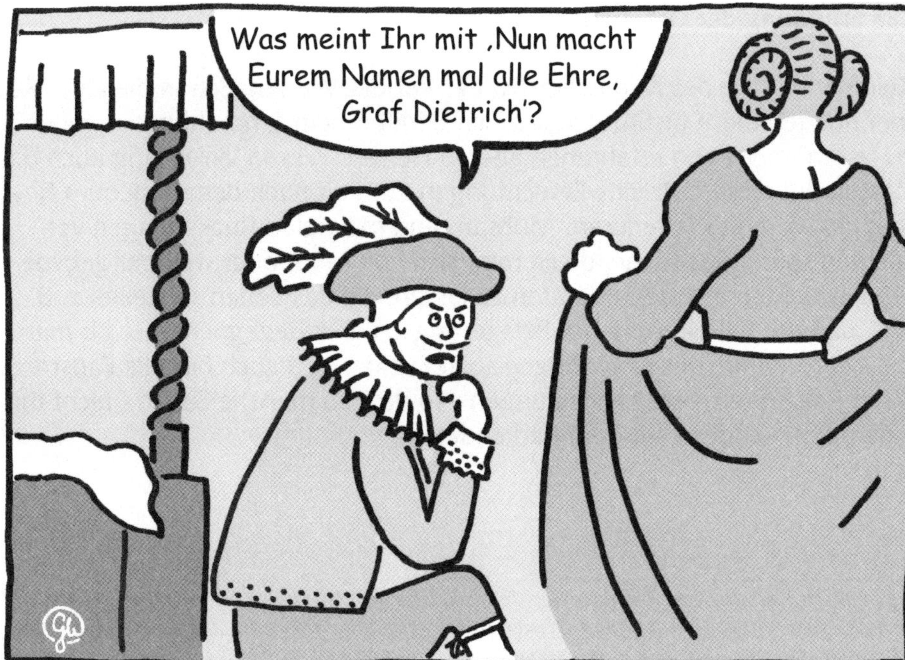
Was meint Ihr mit ‚Nun macht Eurem Namen mal alle Ehre, Graf Dietrich'?

Die Erfindung der Gremienarbeit

Keine Erfindung des Mittelalters ist der Rat der Weisen. Schon die alten Römer nutzten diese Institution, um sich beraten oder Empfehlungen geben zu lassen, meist von erfahrenen älteren Herren. Wie so vieles ging auch das Wissen um diese nützliche Einrichtung in der Zeit nach dem Imperium Romanum womöglich verloren. Mühsam und mit vielen Rückschlägen versuchten später Rat suchende Herren, sich von mehr oder weniger gebildeten Fachleuten in Fragen beraten zu lassen, die das Leben so stellte, z. B. wie man der Entwicklung der Belagerungstechnik begegnen oder ob man der neuen Mode der Gotik folgen sollte. Leider galt auch hier die Faustregel ‚Fünf Ratsherren – sechs Meinungen', so dass so manche Sitzung nicht mit einem Rat, sondern auf dem Rad endete...

Das Rädern war eine der furchtbarsten Todesstrafen im Mittelalter. Dem Delinquenten wurden am Boden liegend mit einem schweren Wagenrad die Knochen aller Gliedmaßen zertrümmert. Danach wurde er aufs Rad geflochten und musste dort auf seinen Tod warten.

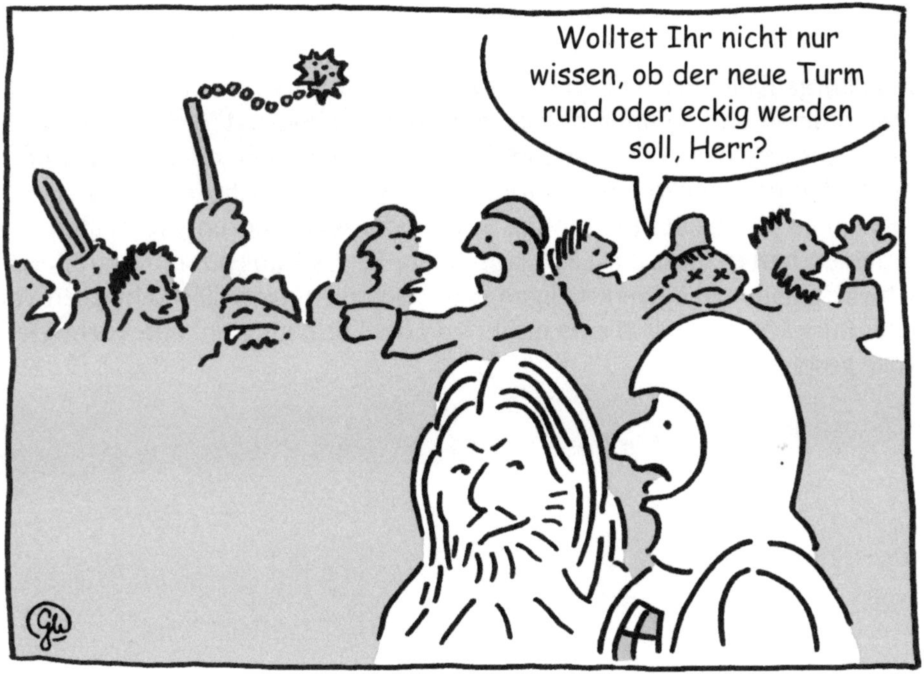
Wolltet Ihr nicht nur wissen, ob der neue Turm rund oder eckig werden soll, Herr?

Die Erfindung des Kassenhäuschens

Viele Burgen, die uns in Form von mehr oder weniger romantischen Ruinen überkommen sind, wurden bereits im Mittelalter belagert, erobert und anschließend geschleift, also zerstört. Einige aber sind mehr oder weniger unbeschädigt davongekommen. Woran lag das? Sicher nicht zuletzt daran, dass einige pfiffige Burgherren das System der Abschreckung dermaßen verfeinert hatten, dass das Eindringen in ihr Festes Haus nur unter größeren Schwierigkeiten zu bewerkstelligen war. Auch die finanziellen Schwellen vor einer Burg könnten dabei eine bisher von der Forschung unberücksichtigte Rolle gespielt haben...

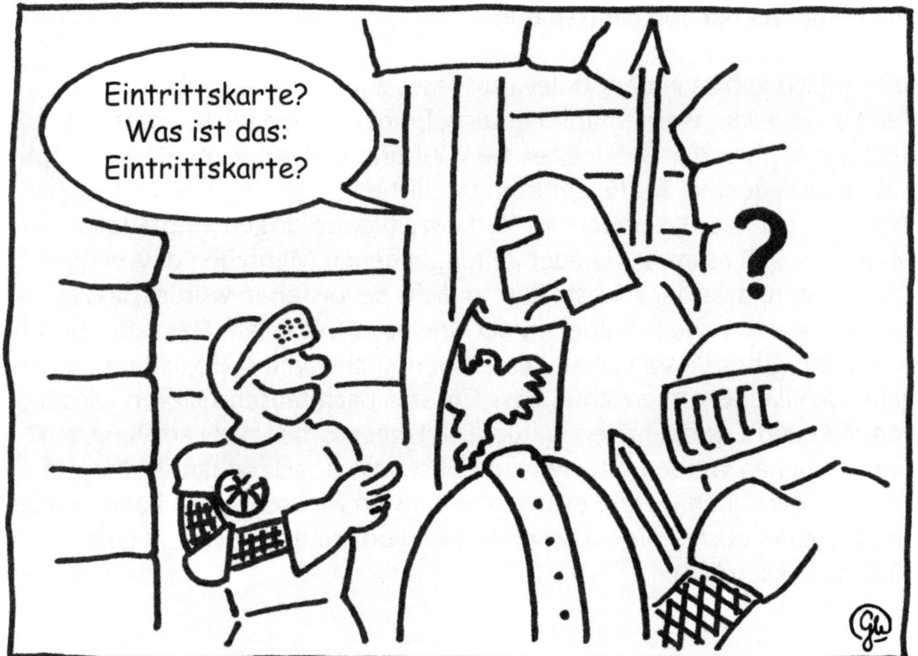
Eintrittskarte? Was ist das: Eintrittskarte?
?

Die Erfindung der Torschlusspanik

Bekanntlich gab es in der Boulevard-Presse zum Jahresende 2012 einige Zeit Schlagzeilen, weil jemand herausgefunden haben wollte, dass nach dem Maya-Kalender an Silvester die Welt untergehen werde. Die für Optimisten unbequeme, für Pessimisten tröstliche Vorstellung eines Endes der Welt ist nicht neu. Besonders im für Endzeitvorstellungen empfänglichen Mittelalter gab es immer wieder Zeiten, in denen Menschen davon überzeugt waren, dass der Jüngste Tag so dicht bevorstehen würde, dass es überflüssig sei, seine Schulden in der Kneipe zu bezahlen. Das Jahr 1000 ist hierfür ein gutes Beispiel, weil der auf den Kirchenvater Augustinus zurückgehende Glaube vorherrschte, dass Christus nach tausend Jahren wiederkommen und Gericht halten werde. Die Ungewissheit, was am Jüngsten Tag geschehen werde und wie man selbst das danach benannte Jüngste Gericht überstehen werde, erfüllte die meisten Menschen mit Panik. Andererseits gab es auch Zeitgenossen, die sich von der allgemeinen Hysterie nicht anstecken ließen.

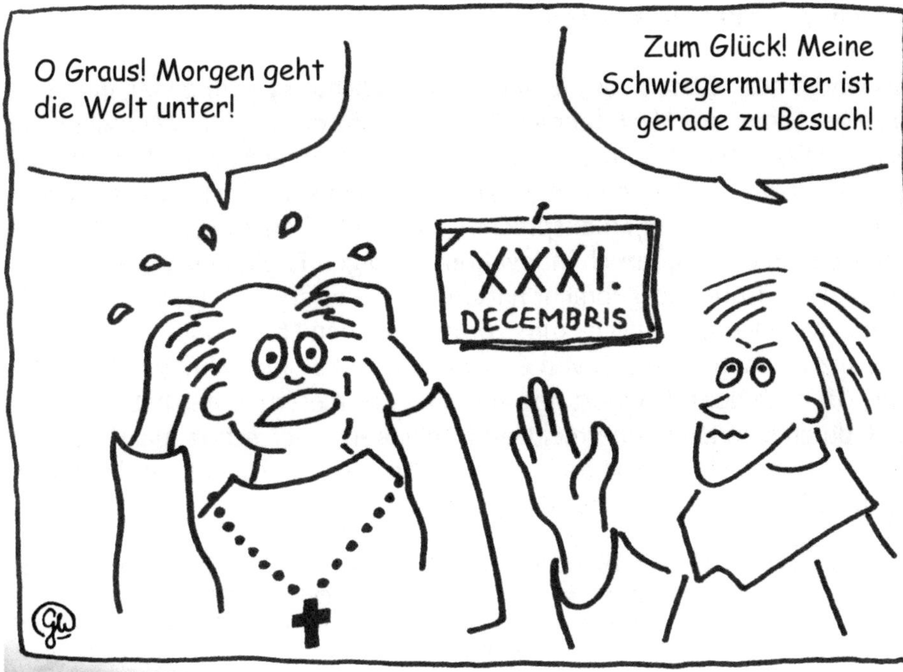
O Graus! Morgen geht die Welt unter!
Zum Glück! Meine Schwiegermutter ist gerade zu Besuch!
XXXI. DECEMBRIS

Die Erfindung des Decknamens

Das waren noch Zeiten, als die Bevölkerungsdichte so gering war, dass ein einzelner Name wie Hinz oder Kunz zur Identifizierung eines Menschen ausreichte. Hier gab es ein Problem, als im 11. Jahrhundert die Erblichkeit des Lehens aufkam; in der Folge legte sich der Adel feste Familiennamen wie „von Eppstein" zu, um Erbansprüche geltend machen zu können. Nachdem mal wieder die damals noch innovationsfreudigen Engländer diese Mode schon etwas früher aufgebracht hatten, wurde es ab dem 13. Jahrhundert auch in Mitteleuropa üblich, zum Vornamen einen Haus- oder Familiennamen anzunehmen, um sich von Gleichnamigen zu unterscheiden. Diese Namen, oft nach dem Wohnort gewählt oder aus diesem abgeleitet, änderte man, durch kein Einwohnermeldeamt behindert, auch schon mal. Dass so etwas geschah, wenn eine neue Familiendynastie begründet werden sollte, war möglicherweise nur einer der Gründe...

Gerhard III., der ursprünglich den Namen „von Hainhausen" getragen hatte, war der erste, der sich ab 1190 nach seinem Besitz im Taunus „von Eppstein" nannte. Die Marksburg wurde vermutlich von diesen Edelherren gegründet, die sich kurze Zeit später nach ihrem neuen Sitz – die Marksburg trug bis 1570 den Namen der Stadt – auch „von Braubach" nannten.

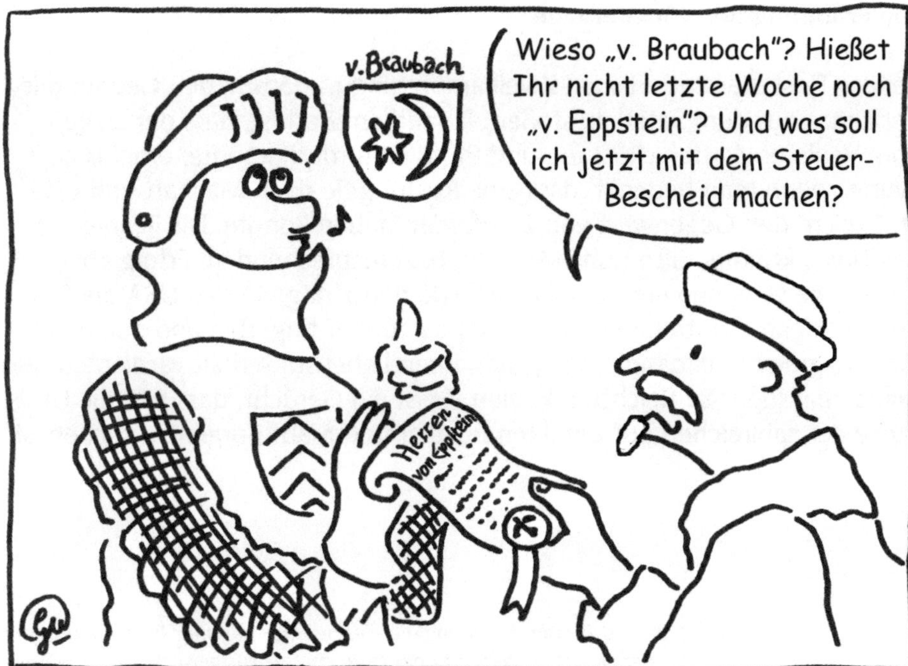
v. Braubach
Wieso „v. Braubach"? Hießet Ihr nicht letzte Woche noch „v. Eppstein"? Und was soll ich jetzt mit dem Steuer-Bescheid machen?
Herren von Eppstein

Die Erfindung der Künstlergage

Bei der Tjost, dem ritterlichen Zweikampf, ging es darum, den Gegner mit der Lanze aus dem Sattel zu stoßen. Bemerkenswert ist, dass der Sieger vom Verlierer Waffen, Rüstung und Pferd einfordern konnte; erhebliche Werte, wenn man bedenkt, dass eine Rüstung, je nach Machart und Qualität, leicht den Gegenwert von 20 Pferden haben konnte. Die Teilnehmer der Tjoste konnten also hohe Verluste, bei entsprechendem Erfolg aber auch hohe Gewinne erzielen. Ähnlich wie heutzutage in den USA die Rodeoreiter gab es Ritter, die von Turnier zu Turnier tingelten und sich durch die erfolgreiche Teilnahme an Tjosten ihren Lebensunterhalt verdienten und manchmal sogar zu Reichtum kamen. Es ist ein Gerücht, dass hier die Ursache der zahlreichen gut gefüllten Rüstkammern auf Burgen zu suchen ist.

Die Tjost war ein Kampfspiel zu Pferde, bei dem zwei Teilnehmer in voller Rüstung und mit stumpfen Lanzen aufeinander zu ritten, während der Buhurt eine Turnierform war, bei der – allerdings ebenfalls mit stumpfen Waffen – eine Feldschlacht simuliert wurde.

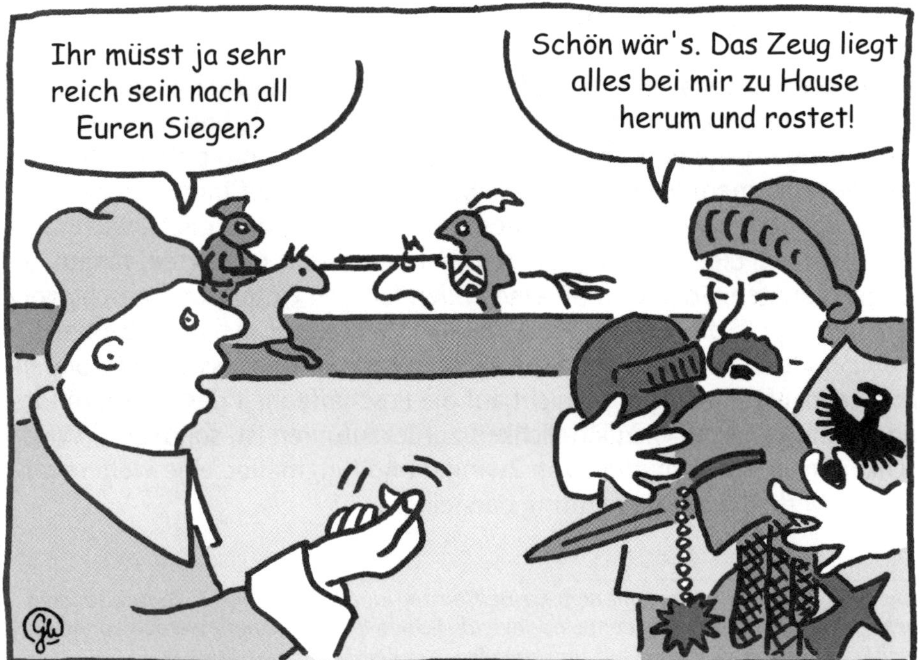
Ihr müsst ja sehr reich sein nach all Euren Siegen?
Schön wär's. Das Zeug liegt alles bei mir zu Hause herum und rostet!

Die Erfindung der Stolperfalle

Wenn der Pferdestall in einer auf einer Felskuppe gelegenen Höhenburg in Ermangelung von Wirtschaftsgebäuden in der Kernburg untergebracht war, hatte seine Anlage dort oben für den metallen beschwerten Reiter den Vorteil, die schimmernde Wehr nicht selbst den Berg hinauf tragen zu müssen. Es musste aber eine Möglichkeit geschaffen werden, dass die Schlachtrösser, aber auch die Maultiere, die den Warentransport erledigten, hinauf gelangen konnten. So gab es oft eine in den felsigen Untergrund geschlagene „Reitertreppe", die, je nach Fähigkeit der Steinmetze, mal mehr und mal weniger gleichmäßig ausfiel. Böse Zungen behaupten, dass eine besonders unregelmäßige Reitertreppe nicht auf die Beschaffenheit des Untergrundes oder handwerkliche Unzulänglichkeit zurückzuführen ist, sondern in Wirklichkeit, nach Überwindung von Zwinger und Ringmauer, eine weitere raffinierte Verteidigungseinrichtung darstellte.

Der Zwinger einer Burg hat mit dem Freiheitsentzug eines Hundes nichts zu tun, sondern bezeichnet ein Burgareal, in dem eindringende Feinde leicht bekämpft werden konnten, meist der Ringmauer vorgelagert und von einer zweiten Mauer umschlossen.

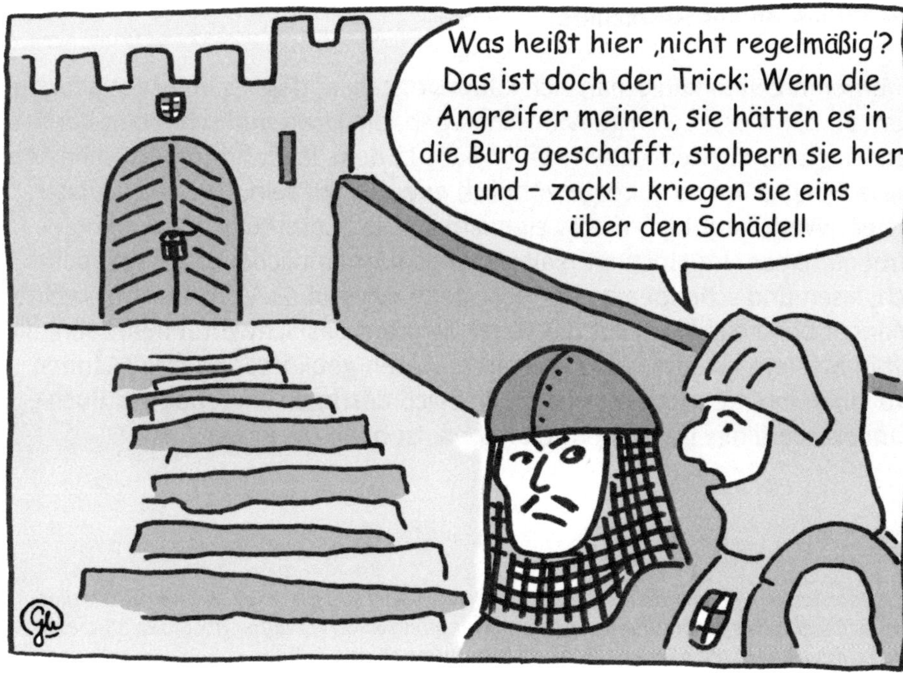
Was heißt hier ‚nicht regelmäßig'? Das ist doch der Trick: Wenn die Angreifer meinen, sie hätten es in die Burg geschafft, stolpern sie hier und – zack! – kriegen sie eins über den Schädel!

Die Erfindung des Bestsellers

In unseren Zeiten kann man sich kaum vorstellen, dass es im Mittelalter außerhalb der Klöster wenige Menschen gab, die lesen und schreiben konnten. Noch bis zur Zeit Kaiser Maximilians I., dem 15. Jahrhundert, scheinen diese Fähigkeiten so außergewöhnlich gewesen zu sein, dass der „letzte Ritter“ Wert darauf legte, aus eigenem Antrieb Lesen und Schreiben gelernt zu haben. Im Hochmittelalter war es für männliche Adlige fast peinlich, lesen und schreiben zu können, denn das galt als Weiberkram – echte Männer beherrschten nicht die Feder, sondern das Schwert. Edelfrauen, die oft in Klöstern erzogen worden waren, waren gebildeter als ihre Männer. Ob ihnen ihre Kenntnisse bei dem ziemlich dürftigen Angebot des Buchhandels allerdings etwas genutzt haben, ist noch die Frage.

Der Habsburger Maximilian I. (1459 - 1519) war von 1508 bis 1519 römisch-deutscher Kaiser. Maximilian erhielt den Beinamen „Der letzte Ritter“, weil er noch den zu dieser Zeit schon verblassten Idealen des alten Rittertums anhing.

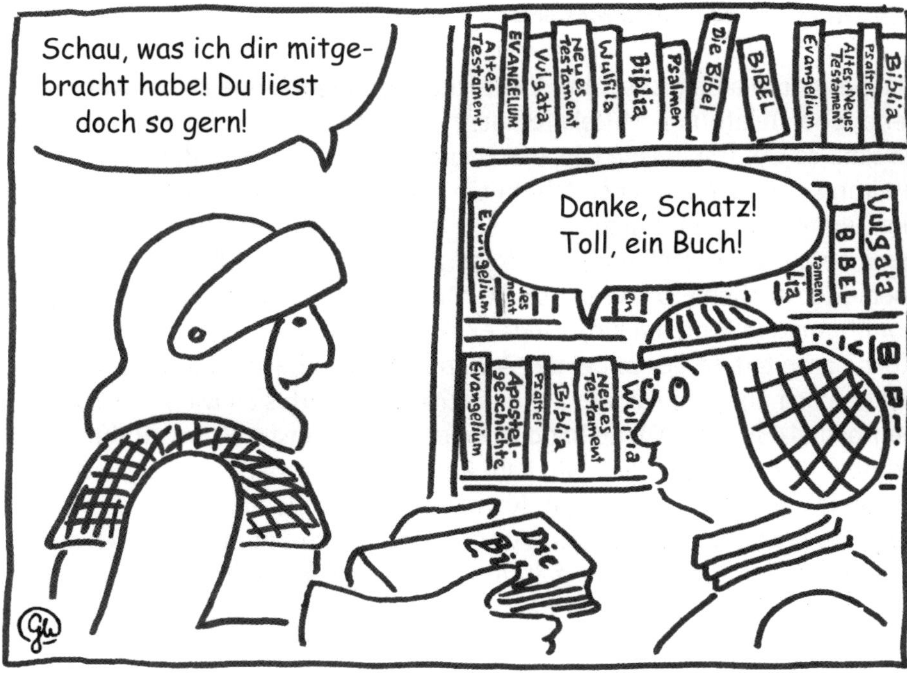
Schau, was ich dir mitgebracht habe! Du liest doch so gern!
Danke, Schatz! Toll, ein Buch!

Die Erfindung des Küchenlateins

Dass es heute alltägliche, aber Elektrizität voraussetzende Dinge wie Fernseher oder Telefon im Mittelalter nicht gab, ist klar. Aber auch ein scheinbar so simples Gerät wie eine Uhr war damals noch nicht erfunden. Vor der Verbreitung von mechanischen Uhren für den Hausgebrauch half man sich bei der Zeitmessung mit Kerzen-, Wasser- oder Sonnenuhren, die allerdings ungenau waren. Die ersten mechanischen Uhren – meist Schlaguhren an Türmen oder Kirchen – datieren auf die Mitte des 14. Jahrhunderts. Wie aber konnte man in Ermangelung eines exakten Zeitmessers zum Beispiel in der Küche arbeiten, in der es bei der Zubereitung von bestimmten Gerichten bekanntlich auf jede Minute ankommt? Hier erwarb sich Meister Martino de Rossi (1430 - 1470), Leibkoch zweier Päpste, unsterblichen Ruhm. Der Erfinder diverser Nudelgerichte kam auf eine zeitgemäße und gleichzeitig gottgefällige Lösung. In seinem Ravioli-Rezept schrieb er vor, die Pasta so lange zu kochen, wie es dauere, vier Vaterunser zu beten – natürlich auf Latein. Ob das auch für Eier galt, musste ausprobiert werden.

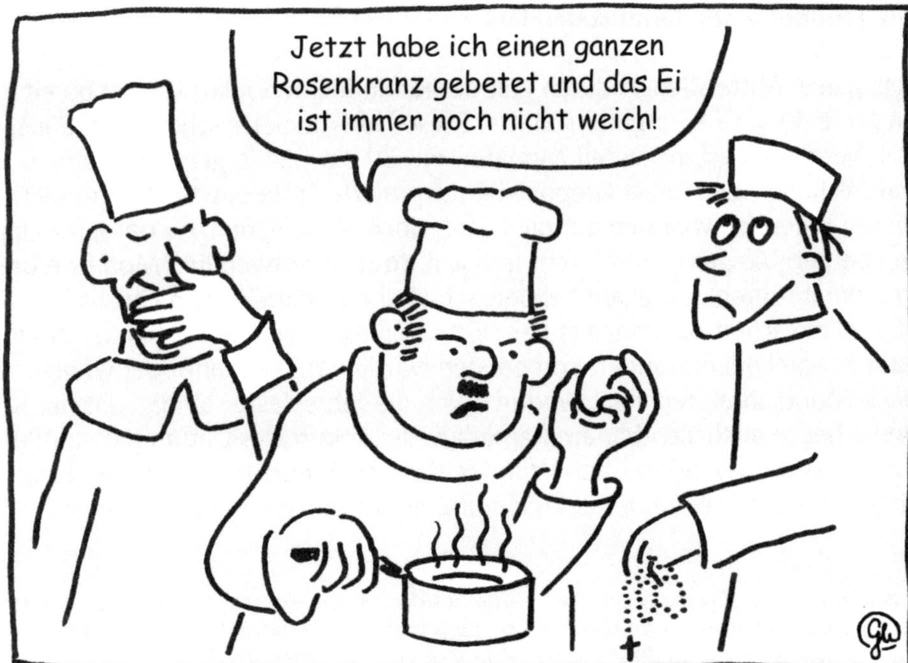
Jetzt habe ich einen ganzen Rosenkranz gebetet und das Ei ist immer noch nicht weich!

Die Erfindung des Terminkalenders

Das ganze Mittelalter hindurch galt der Kalender, den Julius Caesar bereits im Jahre 45 v. Chr. eingeführt hatte. Dieser funktionierte schon nach unserem heutigen System mit elf Monaten mit 30 bzw. 31 Tagen sowie einem mit 28 Tagen. Erst Papst Gregor XIII. reformierte Ende des 16. Jahrhunderts diesen Kalender, weil sich auf die Dauer doch Verschiebungen der Jahreszeiten bemerkbar gemacht hatten, und ließ deshalb notwendige Modifizierungen durchführen, vor allem bei den Schaltjahren. Parallel zum christlich-abendländischen Sonnenkalender existierten aber weitere Kalendersysteme, zum Beispiel bei den Juden und bei den Muslimen, die mehr oder weniger nach Mondjahren rechnen, wodurch sich die Jahresfeste ständig verschieben – heute noch sichtbar am Ramadan, der kein festes Datum hat, sondern durch das Jahr wandert. Kein Wunder, dass die Kreuzritter bei ihren „Besuchen" in Palästina mit der Zeitrechnung etwas durcheinanderkamen…

Das ursprüngliche Byzanz wurde 330 n. Chr. Residenz Kaiser Konstantins des Großen. Nach seinem Tod wurde sie ihm zu Ehren in Constantinopolis umbenannt. Unter dem Namen Istanbul war die Stadt bis 1923 die Hauptstadt des Osmanischen Reichs.

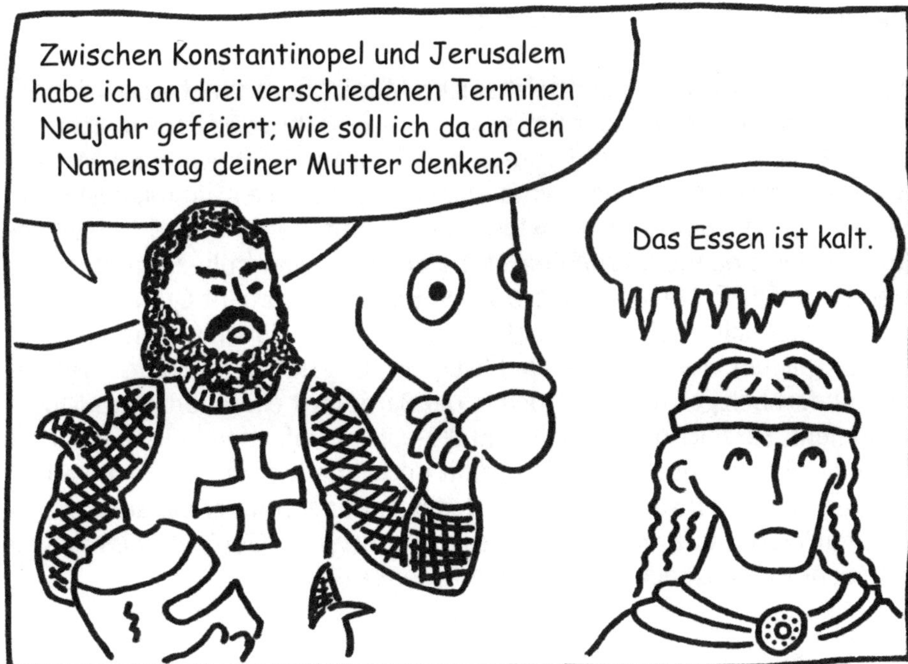
Zwischen Konstantinopel und Jerusalem habe ich an drei verschiedenen Terminen Neujahr gefeiert; wie soll ich da an den Namenstag deiner Mutter denken?
Das Essen ist kalt.

Die Erfindung des Spannungsbogens

Was heute landläufig als „mittelalterliche Musik" bezeichnet wird, ist in Wirklichkeit meist Musik der Renaissance, also nachmittelalterlich. Echte mittelalterliche Musik klingt in unseren an Mozart, Beethoven und McCartney gewöhnten Ohren eher fremd, denn sie ist durch einstimmige Melodieführung und die Bordun-Charakteristik bestimmt. Bordune sind feststehende Töne, die eine monotone Begleitung ergeben, eine frühe Form der Mehrstimmigkeit. Neben dem typischen Borduninstrument Dudelsack, der auch im Mittelalter sehr verbreitet war, gab es auch Saiteninstrumente, die bordun spielten, vor allem die Drehleier, als „Organistrum" ab dem zehnten Jahrhundert belegt und auch noch in der Barockzeit ein verbreitetes Musikinstrument. Sie zeichnete sich, jedenfalls in ihrer einfachen, mittelalterlichen Form, nicht durch übergroße Flexibilität und Variationsmöglichkeiten aus, weswegen dieses Instrument in der Redewendung „Immer die alte Leier" in unserem Wortschatz weiterklingt. Es ist allerdings ein Gerücht, dass sich diese Redensart hauptsächlich auf Liebeslieder bezieht...

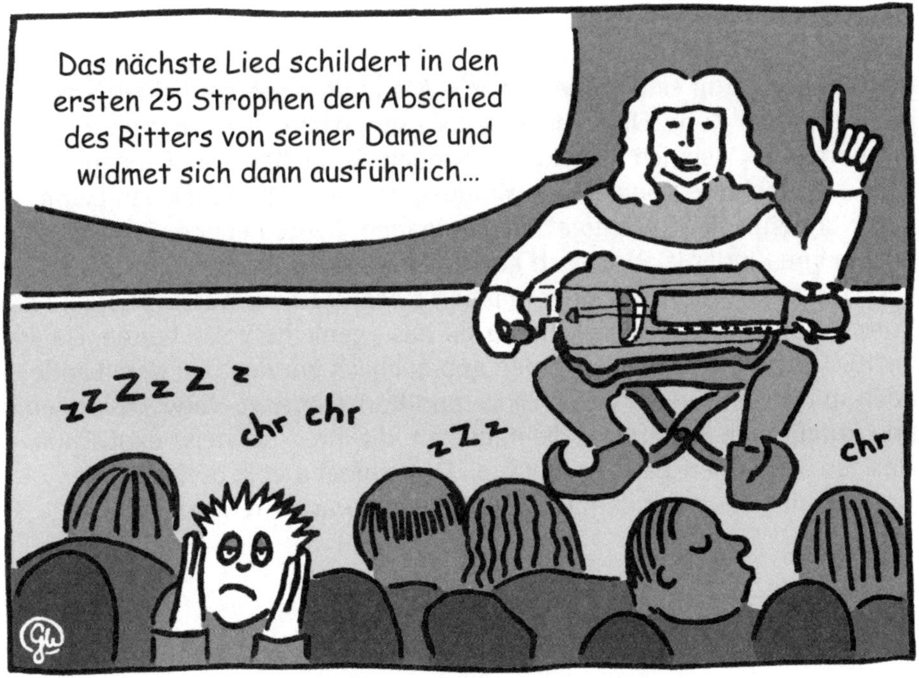
Das nächste Lied schildert in den ersten 25 Strophen den Abschied des Ritters von seiner Dame und widmet sich dann ausführlich...
zzZzzZ z
chr chr
zZz
chr

Die Erfindung der Individualität

Im Mittelalter trug eine große Zahl von Männern einen der beiden Vornamen Hinz oder Kunz. Dazu muss man wissen, dass es sich um Kurzformen der Vornamen Heinrich und Konrad handelt. So hießen viele Fürsten dieser Zeit, auch mehrere Könige. Kein Wunder, dass auch die einfachen Leute ihren Kindern solch „wichtige" Namen gaben, heute nennen viele Zeitgenossen ihre Kinder ja auch nach gerade angesagten Promis, Filmstars oder Fußballern. Das führte zu einer Inflation dieser Namen, weshalb „Hinz und Kunz" später zur Spottbezeichnung für das „gemeine Volk" wurde. Da erst im 15. Jahrhundert Familiennamen gebräuchlich wurden, auf dem Lande noch später, führten die vielen Hinze und Kunze aber zu Verwechslungen und Irritationen. Abhilfe bot die Kirche an, die ihre – teilweise exotischen – Heiligen als Namenspatrone empfahl. Das einfache Volk dürfte bei der Taufe, konfrontiert mit dem Ungewohnten, etwas gefremdelt haben.

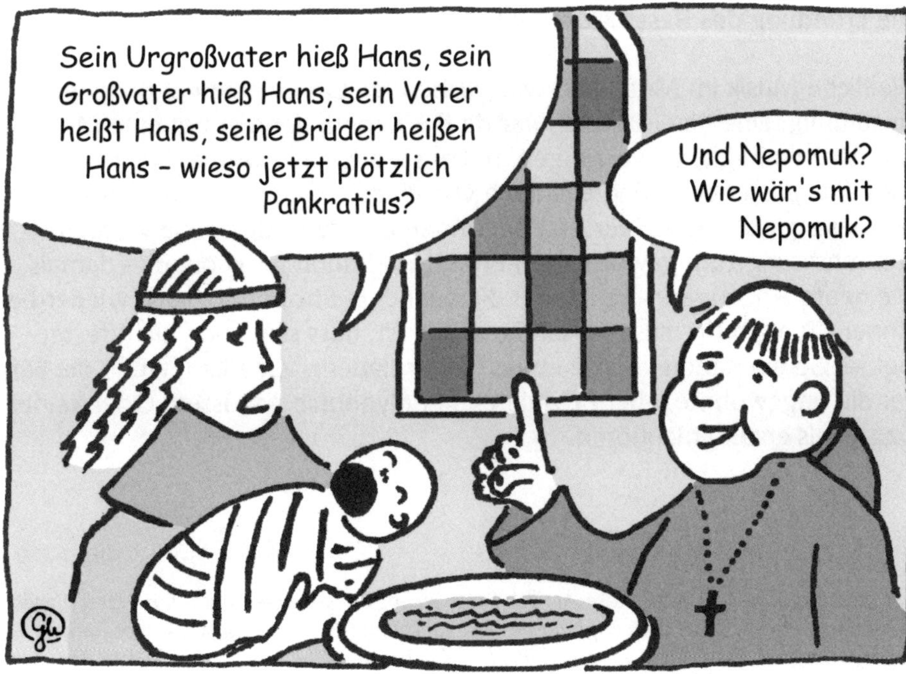
Sein Urgroßvater hieß Hans, sein Großvater hieß Hans, sein Vater heißt Hans, seine Brüder heißen Hans – wieso jetzt plötzlich Pankratius?
Und Nepomuk? Wie wär's mit Nepomuk?

Die Erfindung des Basso Continuo

Weltliche Musik im Mittelalter war für heutige Ohren eher eintönig, weil einstimmig. Eine Bereicherung war da der Kanon, denn er bot eine Möglichkeit, Vielstimmigkeit zu erzeugen, bevor sie erfunden wurde. Beim Kanon wird eine passende Melodie einfach von einer zweiten, dritten oder weiteren Gesangsstimme zeitversetzt begonnen und führt durch die versetzte Stimmführung zum gewünschten Effekt. Ein Kanon funktioniert – damals wie heute – nur, wenn die Sänger die beendete Strophe sogleich wieder beginnen. Typisch für diesen „Rundgesang" ist, dass sein Ende nicht festgelegt ist. So ein Kanon konnte etwas länger dauern, vor allem, wenn die Sänger die ungewohnte, aber faszinierende Polyphonie genossen. Oder keiner wagte, als erster aufzuhören.

Der ursprüngliche Name für diese Art des Folgegesangs – das erste überlieferte Lied dieser Art stammt übrigens aus dem England des 13. Jahrhunderts – war „fuga". In der Barockmusik entwickelte vor allem Johann Sebastian Bach daraus die komplizierte Form der Fuge.

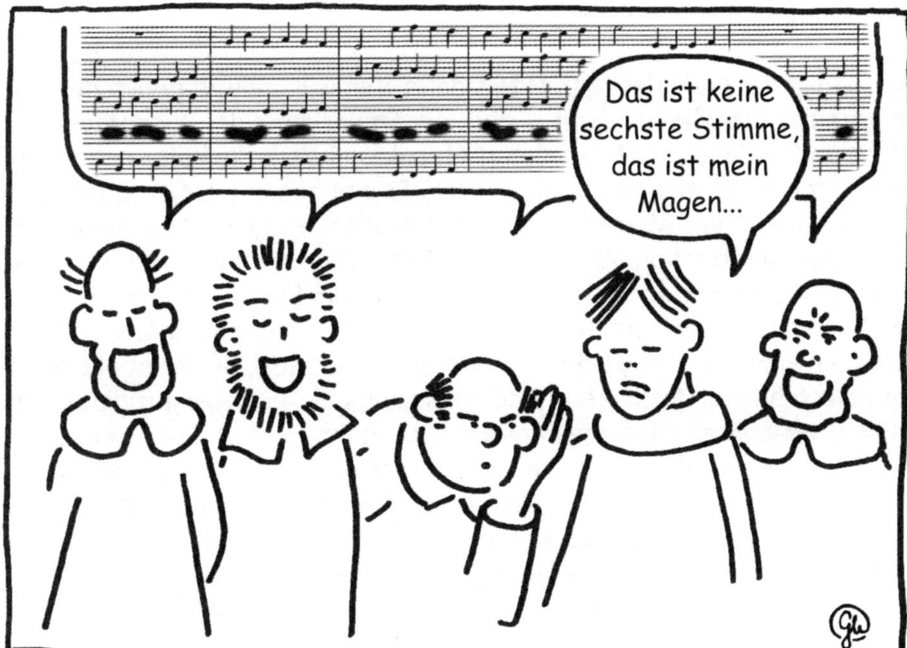
Das ist keine
sechste Stimme,
das ist mein
Magen...

Die Erfindung des Verbraucherschutzes

Wenn man das Ende des Mittelalters definieren will, gehört, neben der Erfindung des Schießpulvers (um 1350), der Entwicklung des Buchdrucks (um 1450) und natürlich der Entdeckung Amerikas (1492), die Reformation zu den Faktoren, die meist genannt werden. Es gibt aber ein Ereignis, das sich womöglich für viele Menschen noch nachhaltiger ausgewirkt hat als die fast zeitgleiche Reformation: Anno domini 1516 hatten die bayerischen Herzöge die Nase voll von ungenießbaren Zusatzstoffen im Bier wie z.B. Harz, die das Nationalgetränk haltbarer machen sollten, so dass manchmal nicht zu erkennen war, was den Genießer niedergestreckt hatte, der Alkohol oder der Beigeschmack. Auch wenn traditionsbewusste Thüringer auf die bereits 1434 in Weißensee erlassene ähnliche „Statuta thaberna" hinweisen, war das in Bayern formulierte Reinheitsgebot, das Bier ausschließlich mit Hopfen, Gerstenmalz, Hefe und Wasser gebraut werden darf, das erste überregionale Lebensmittelgesetz. Und der Anfang einer langen Reihe von Vorschriften, die in der – später allerdings zurückgenommenen – Gurkenkrümmungsverordnung der EU sicher noch nicht den Höhepunkt hatte.

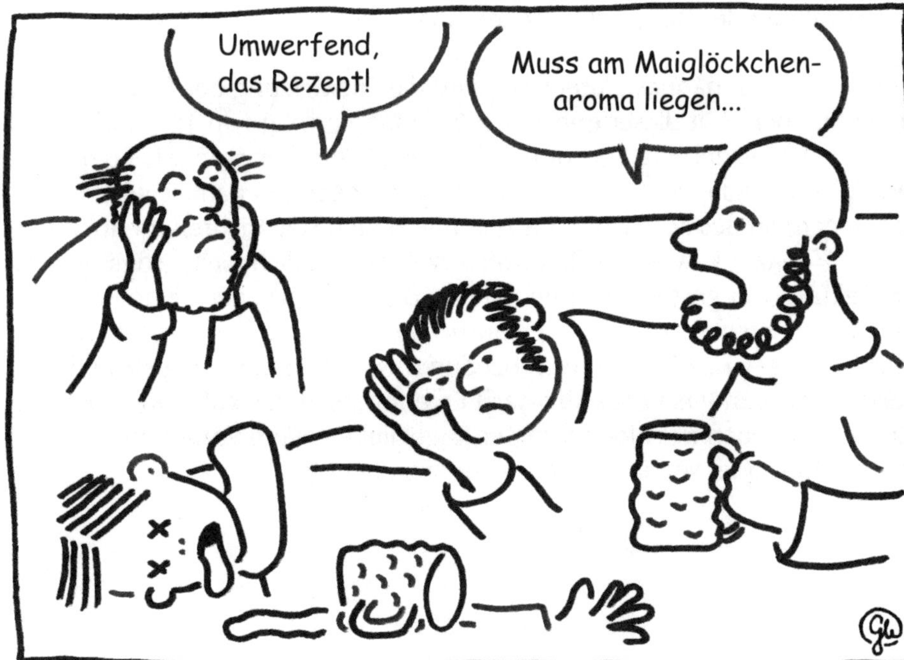
Umwerfend, das Rezept!
Muss am Maiglöckchen-aroma liegen...

Die Erfindung der Bedürfnisbefriedigung

Dem Mainzer Johannes Gutenberg wird die Entwicklung der Druckerpresse zugeschrieben. Mit dieser epochalen Erfindung erfolgte im 15. Jahrhundert auch die Initialzündung zur routinierten Herstellung massenhaft verbreiteter Druckerzeugnisse, vulgo Zeitungen. Diese befriedigten damals wie heute das Verlangen des Menschen nach immer neuen Nachrichten, heute kurz „News" genannt. Apropos Bedürfnis: Weil bekanntlich nichts so alt ist wie die Zeitung von gestern, könnte damit möglicherweise auch eine Revolution auf anderem, durchaus noch anrüchigerem Gebiet eingeleitet worden sein. Denn gewisse Reinigungsprozeduren waren bis zum Siegeszug des Papiers völlig anders verlaufen; nach Erkenntnissen der Kulturwissenschaftler wurden neben der bloßen, in der Regel linken Hand vorher auch Laub, Stroh, Moos oder sogar lebendes Federvieh benutzt...

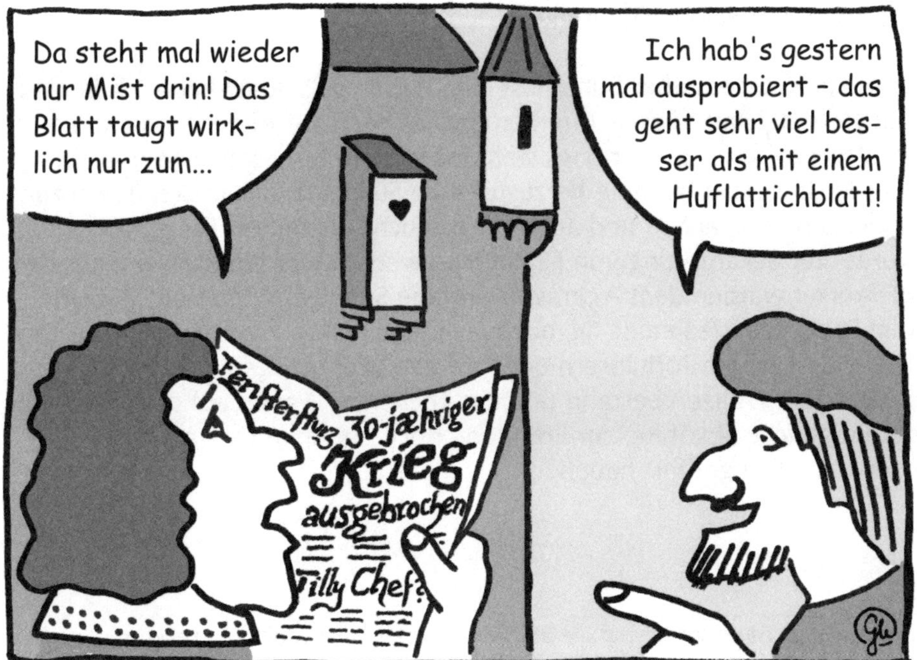
Da steht mal wieder nur Mist drin! Das Blatt taugt wirk-lich nur zum...
Fenſterſturz
30-jaehriger Krieg ausgebrochen
Tilly Chef?
Ich hab's gestern mal ausprobiert – das geht sehr viel bes-ser als mit einem Huflattichblatt!

Die Erfindung der Nachhaltigkeit

Eines der Klischees über Burgen ist die „Pechnase". Auch heute noch glauben viele, dass aus diesen Torerkern heißes Pech auf Angreifer hinab geschüttet worden sei. Allerdings steht inzwischen fest, dass nirgendwo jemals Pech, eine aufwendig herzustellende Substanz, die im Schiffsbau zum Abdichten der Planken und auch zur Beleuchtung mittels Fackeln benötigt wurde, zur Bekämpfung von Feinden verwendet worden ist. Nein, aus dem Wehrerker wurden dem Aggressor profane Steine auf den Kopf geworfen, kein Pech, kein siedendes Öl, noch nicht mal heißes Wasser. Sollte die Tatsache, dass in den Torhäusern oder auf den Wehrgängen gar keine Möglichkeit zum Erhitzen bestand und das kochende Wasser auf dem Weg von der Burgküche abkühlte, zur Erfindung noch heute im Gebrauch befindlicher Utensilien geführt haben?

Zugegeben, es ist umstritten, ob die Burgherren wirklich das wichtigste Lebensmittel, das sie auf einer belagerten Burg hatten, nämlich Wasser, dem Feind auf den Kopf schütteten.

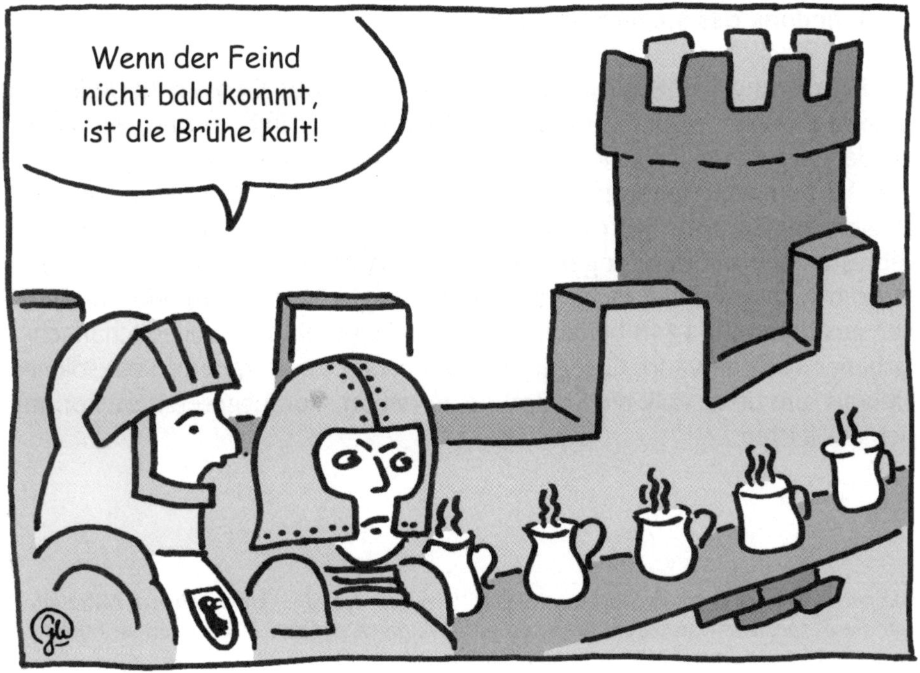
Wenn der Feind nicht bald kommt, ist die Brühe kalt!

Die Erfindung des Siegertreppchens

Die Prämierung von Höchstleistungen hat eine lange Geschichte. Jeder weiß, dass in der Antike sportliche Kraftakte gewürdigt wurden, vor allem bei den vier panhellenischen Spielen, zu denen auch die in Olympia gehörten. Auch im Mittelalter gab es Wettbewerbe und Preiskämpfe in vielen Disziplinen. Darunter waren Pferderennen und Schießwettbewerbe am beliebtesten, wo mit dem Bogen oder mit der Armbrust geschossen wurde. Je nach Anlass wurden recht hohe Preise ausgelobt; so ist für ein Pferderennen aus dem Jahr 1448 bekannt, dass der Sieger ein wertvolles scharlachfarbenes Tuch gewann. Gelegentlich veranstalteten Burgherren ein solches Ereignis, um beim Volk die Stimmung zu heben. Vorausgesetzt, sie konnten sich das leisten...

Lediglich ein rotes Tuch als Siegespreis? Das Wertvolle war die Farbe, denn im Mittelalter war dieses spezielle Rot extrem teuer; es wurde nämlich aus dem Panzer von im Mittelmeerraum heimischen Schildläusen gewonnen.

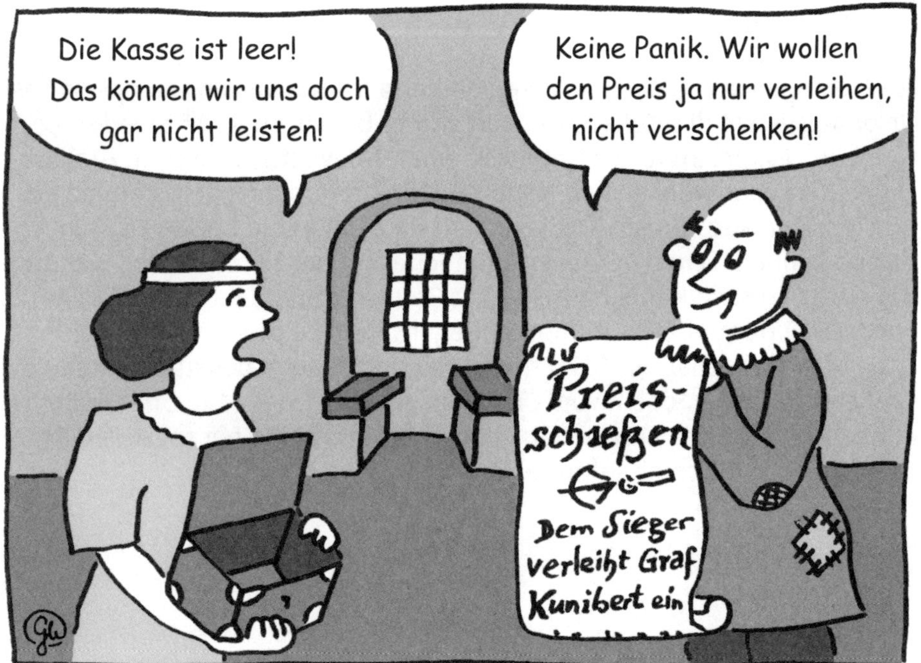
Die Kasse ist leer! Das können wir uns doch gar nicht leisten!
Keine Panik. Wir wollen den Preis ja nur verleihen, nicht verschenken!
Preis-schießen
Dem Sieger verleiht Graf Kunibert ein

Die Erfindung des Blutdrucks

Es wird angenommen, dass die Region Kaffa im Südwesten Äthiopiens das Ursprungsgebiet des Kaffees ist. Dort war er bereits im 9. Jahrhundert bekannt. Im 14. gelangte er, vermutlich durch Sklavenhändler, nach Arabien, wurde dort aber wohl erst ab Mitte des 15. Jahrhunderts geröstet und getrunken. Der Augsburger Arzt Leonhard Rauwolf lernte Kaffee 1573 in Aleppo kennen. Schon 1645 verfügte Venedig über Kaffeehäuser, während das erste deutsche Kaffeehaus 1673 in Bremen stand; Ende des 17. Jahrhunderts verfügten auch Hamburg, Regensburg, Leipzig und natürlich Wien über Kaffeehäuser. 1675 trank man Kaffee auch bereits am Hofe des Großen Kurfürsten, doch wurde in Berlin erst 1721 das erste öffentliche Kaffeehaus errichtet. Das Getränk bedarf bekanntlich einer speziellen Rezeptur, die nicht überall sofort bekannt war...

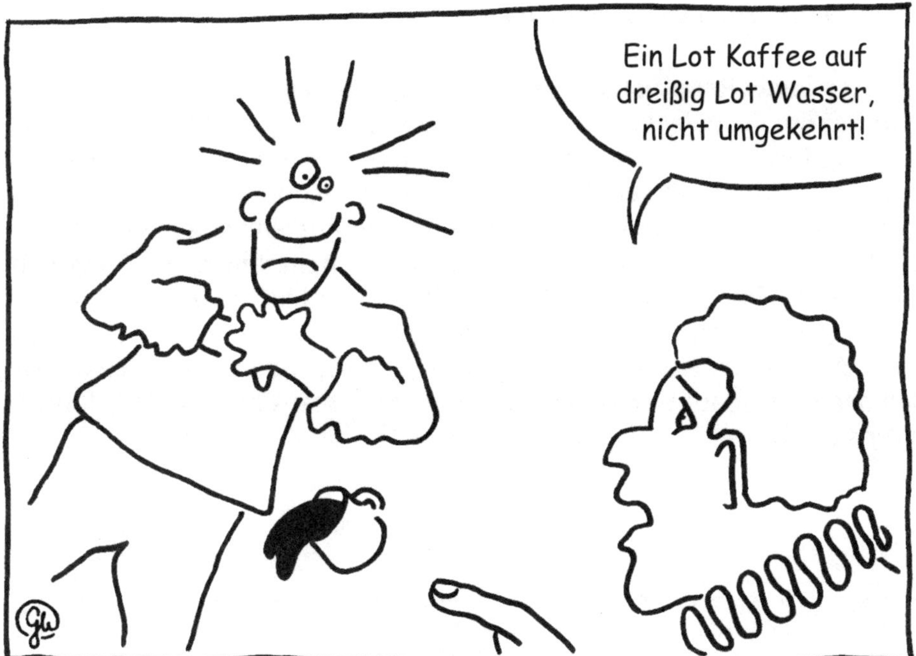
Ein Lot Kaffee auf dreißig Lot Wasser, nicht umgekehrt!

Die Erfindung der Resteverwertung

Eine der in der Reformation bekämpften Traditionen der katholischen Kirche war der Reliquienkult, der bisweilen bizarre Formen annahm. Der Handel mit „Reliquien erster Klasse", also echten Körperteilen von Heiligen wie Knochensplittern, Haaren, Fingernägeln und Blutstropfen, war zwar verboten, versprach aber große Gewinne, wobei die Authentizität meist nicht nachgewiesen werden konnte. Zum Beispiel wetteiferten mit je einem Kopf der heiligen Elisabeth von Thüringen zeitweise sechs Orte um Pilger. Auch Burgkapellen besaßen Reliquien in ihren Altären, die zum Schutz der Burg beitragen sollten, weshalb die Kapellen oft an besonders gefährdeten Stellen der Burg erbaut waren, beispielsweise im Torhaus oder im Wehrturm. Wer's glaubt...

Gleich mehrere spanische Wallfahrtsorte, darunter Santiago de Compostela, nahmen für sich in Anspruch, dass hier der Leichnam des Apostels Jakobus beigesetzt worden war. Die Redewendung „Das ist der wahre Jakob" bezieht sich darauf.

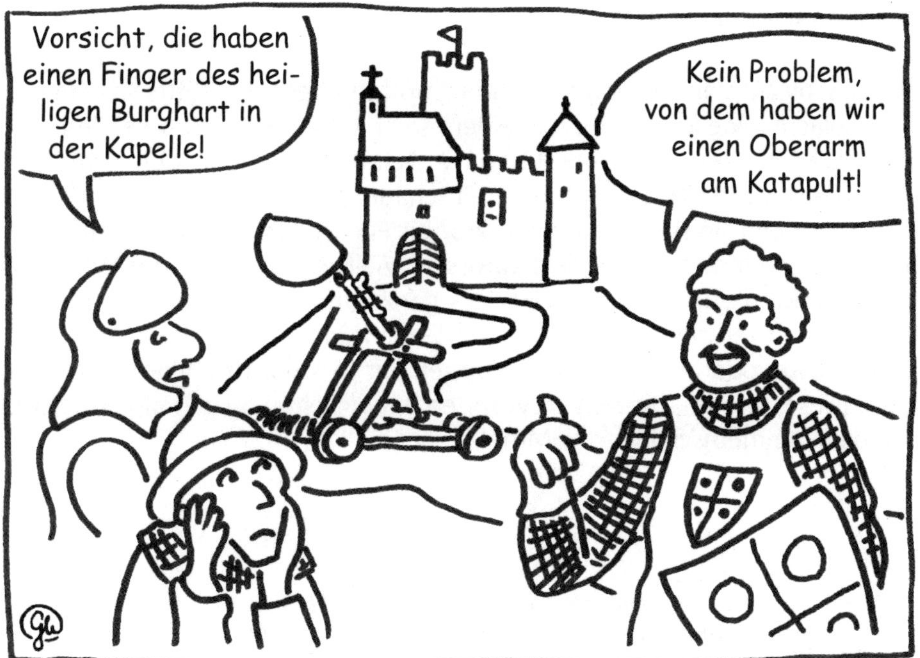
Vorsicht, die haben einen Finger des heiligen Burghart in der Kapelle!
Kein Problem, von dem haben wir einen Oberarm am Katapult!

Die Erfindung der Einbahnstraße

In der Schlacht von Worringen 1288 kämpften über 5000 Ritter in offener Feldschlacht. Wie konnte man in einem so chaotischen Getümmel den Überblick behalten, wer Freund und wer Feind ist? Auch bei den Kampfspielen des Mittelalters konnten die Zuschauer die Teilnehmer nicht identifizieren, denn sie steckten ja von Kopf bis Fuß in Rüstung, vergleichbar den heutigen Insassen von Blechkarossen. Vielleicht als Folge des Wirrwarrs im ersten Kreuzzug, bei dem Ritter aus ganz Europa aufeinander trafen, kamen Schildzeichen auf. Man markierte die Kämpfer durch farbige Symbole, Muster oder einfache Darstellungen auf den Schutzschilden und Helmen. Diese Zeichen, die sich zu Wappen entwickelten, waren also so etwas wie die Nummernschilder des Mittelalters.

Bei Worringen, heute Stadtteil vom Köln, fand am 5. Juni 1288 die Entscheidungsschlacht im bereits sechs Jahre währenden Limburger Erbfolgestreit statt. Auf dem Schlachtfeld dieser größten Ritterschlacht des Mittelalters starben über 1000 Kämpfer.

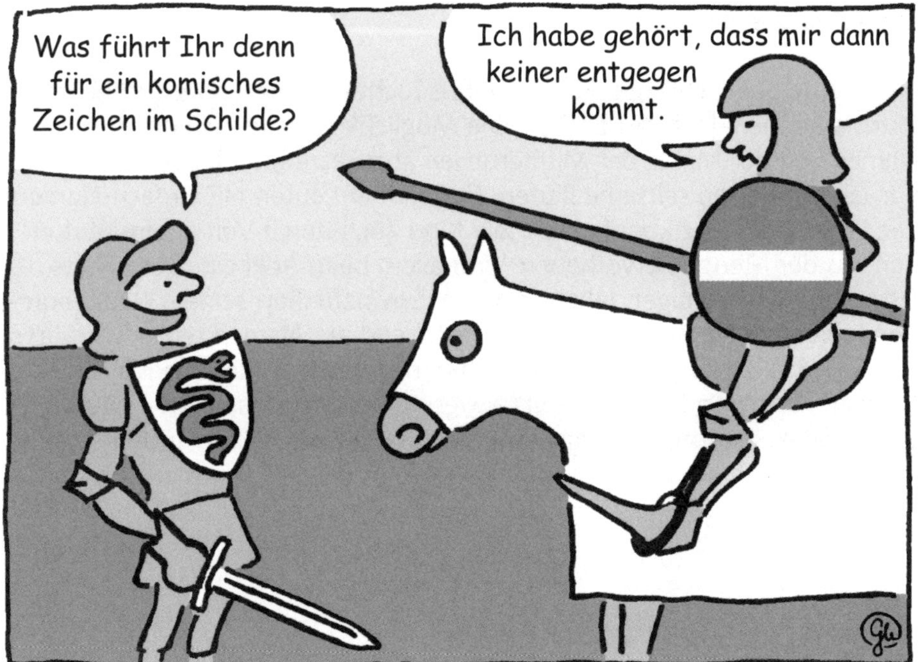
Was führt Ihr denn für ein komisches Zeichen im Schilde?
Ich habe gehört, dass mir dann keiner entgegen kommt.

Die Erfindung der Ahnengalerie

Dass Leute eher schlichter Herkunft ihre Tochter bisweilen Jacqueline oder Patricia nennen, lässt tief blicken. Die Möglichkeit, sich auch durch seinen Namen von der Masse der Mitmenschen abzusetzen, trieb aber auch schon vor Jahrhunderten seltsame Blüten. Gegenüber Leuten mit Einfach-Namen wie Hinz oder Kunz konnte man sein Kind auch durch Vornamenshäufungen aus der Menge hervorheben – vor allem beim Adel eine verbreitete Sitte. Noch vor wenigen Jahren gab ein Provinzfreiherr seinem Neugeborenen folgenden Namensbandwurm, bestehend aus Namen seiner Vorfahren: Arndt Berthold Hermann Heinrich Johann Friedrich Franz Wilhelm Adolf Lambert Arno Bernhard. Es ist unbewiesen, dass durch solche Anhäufungen die Höflichkeitsform, also das Pronomen im Plural auch für Einzelpersonen, entstanden sein könnte...

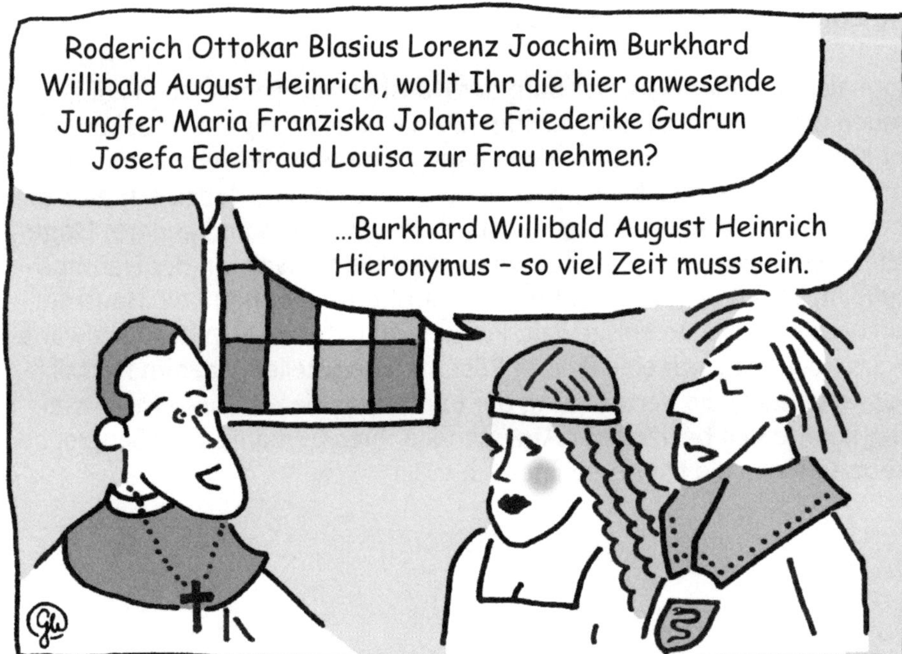
Roderich Ottokar Blasius Lorenz Joachim Burkhard Willibald August Heinrich, wollt Ihr die hier anwesende Jungfer Maria Franziska Jolante Friederike Gudrun Josefa Edeltraud Louisa zur Frau nehmen?
...Burkhard Willibald August Heinrich Hieronymus – so viel Zeit muss sein.

Die Erfindung des Domina-Effekts

Normalerweise hatte auf der Burg der Hausherr das Sagen, auch adlige Frauen waren nicht gleichberechtigt. Sie saßen allerdings nicht dekorativ in der Kemenate, sondern hatten durchaus wichtige Aufgaben. So musste eine Burgherrin sicherstellen, dass die Dienerschaft ihre Arbeit tat, dass die Speisekammer gefüllt war, aber auch, dass sich Ratten und anderes Ungeziefer nicht ausbreiteten. Außerdem war sie die Verwalterin der Hausapotheke. In Zeiten der Abwesenheit des Hausherrn aber hatte die Hausfrau durchaus die volle Befehlsgewalt. Für die Menschen des Mittelalters war es zwar undenkbar, sich eine Frau in Rüstung vorzustellen, aber im Notfall musste sie auch die Verteidigung der Burg organisieren. Diese Machtstellung konnte sich bei längerer Abwesenheit ihres Gemahls, zum Beispiel bei Kreuzzügen, in die Länge ziehen.

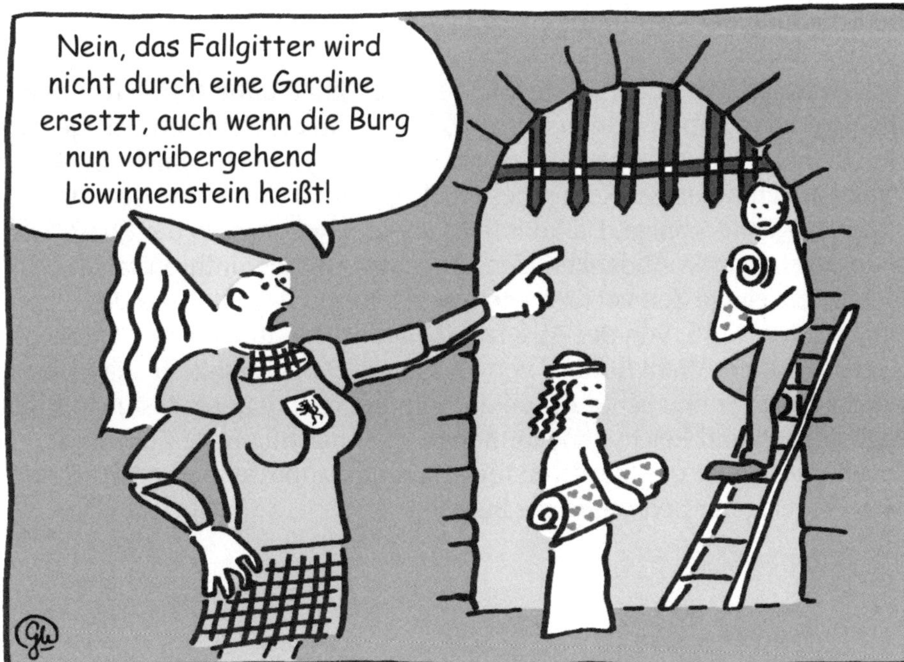
Nein, das Fallgitter wird nicht durch eine Gardine ersetzt, auch wenn die Burg nun vorübergehend Löwinnenstein heißt!

Die Erfindung der Stichprobe

Auch im Mittelalter gab es Zeiten, in denen es keine unbestritten rechtmäßige Regierung gab. Im Unterschied zu heute, wo die Regierenden – jedenfalls bei uns – vom Volk gewählt werden, handelte es sich damals, in der Wahlmonarchie Heiliges Römisches Reich, bekanntlich um von den Kurfürsten gewählte Könige. Da konnte es vorkommen, dass in der Phase zwischen Ableben bzw. Abdanken eines Regenten und der Inthronisation des Nachfolgers einige Zeit verstreichen musste. Besonders fatal war das „Interregnum" von 1245, von der Absetzung Friedrichs II. durch Papst Innozenz IV., bis 1273, der Wahl Rudolfs von Habsburg. Damals amtierte eine Übergangsregierung ohne echte Autorität, und das Reich war ein fast rechtloser Staat. Fürsten und Reichsstände erhoben eigenmächtig neue Zölle und Steuern, das Recht des Stärkeren regierte, und Raubritter und noch schlimmere Wegelagerer bedrohten die Bürger...

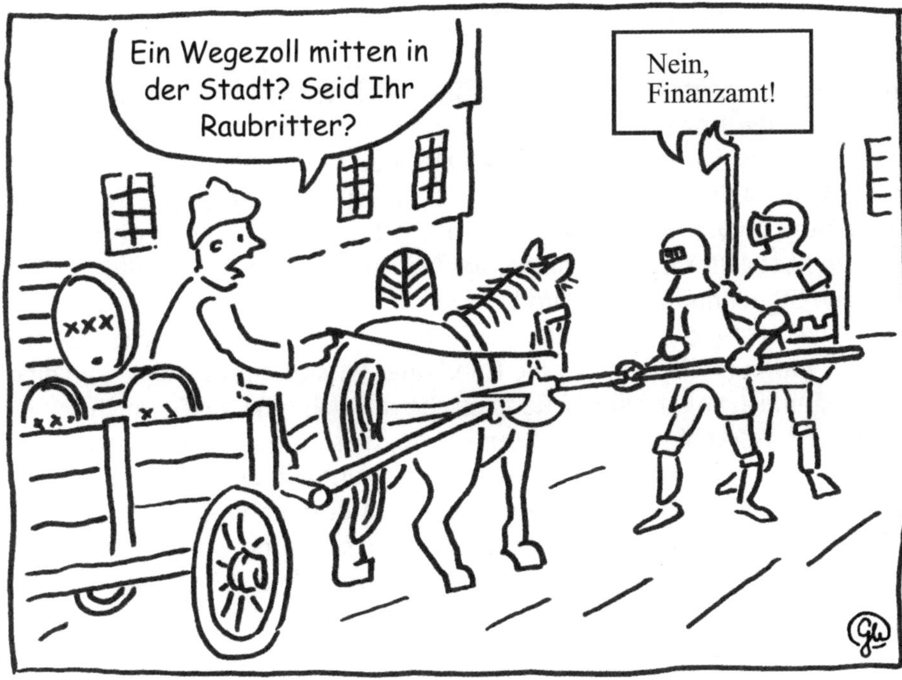
Ein Wegezoll mitten in der Stadt? Seid Ihr Raubritter?
Nein, Finanzamt!

Die Erfindung des Misstrauensvotums

Im Europa des Mittelalters war der König höchster Souverän seines Landes: Oberhaupt der Regierung, oberster Richter und Gesetzgeber in einer Person. Allerdings war die Staatsform im Heiligen Römischen Reich keine Absolute Monarchie, in der der Monarch die alleinige Staatsgewalt besitzt, so wie später Ludwig XIV., dessen „L'État, c'est moi" für sich spricht. Aber auch im Mittelalter gab es Könige, deren Regierung despotische und selbstherrliche Züge annahm. So wird Wenzel von Luxemburg, von 1376 bis zu seiner Absetzung römisch-deutscher König, in den zeitgenössischen Quellen als Tyrann geschildert, der die Runde der Fürsten und Berater dominierte, gelegentlich sogar mit der Reitpeitsche um sich schlug oder auch seine Hunde auf missliebige Zeitgenossen hetzte, diese sogar manchmal aus fadenscheinigen Gründen hinrichten ließ. Das konnte nicht gutgehen. Am 20. August 1400 erklärten vier Kurfürsten auf Burg Lahneck, der nördlichen Nachbarburg der Marksburg, Wenzel für abgesetzt und wählten am folgenden Tag den Wittelsbacher Ruprecht von der Pfalz zum König.

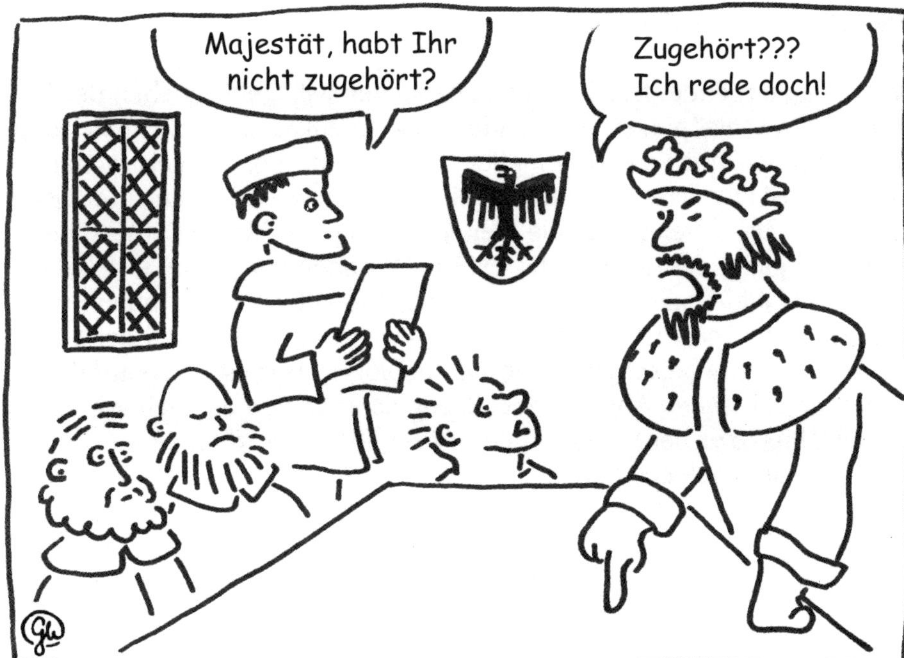
Majestät, habt Ihr nicht zugehört?
Zugehört??? Ich rede doch!

Die Erfindung des Gegengutachtens

Wenn man das Ende des Mittelalters definieren will, gehört neben der Erfindung des Schießpulvers, der Entdeckung Amerikas und der Entwicklung des Buchdrucks auch die Reformation zu den Faktoren, die meist genannt werden, weil hier eine bedeutende geistige Zeitenwende eingeläutet wurde. Als wichtiges Ereignis für die Breitenwirkung von Martin Luthers Ideen gilt ein Vorgang, der sich im Jahr 1517 in Wittenberg abspielte und wegen des großen Widerhalls die Reformation auslöste, obwohl sein Inhalt nur dem gelehrten Fachpublikum verständlich war. Am Hauptportal der dortigen Schlosskirche befestigte Luther 95 theologische Thesen, die auf den damals grassierenden Ablasshandel Bezug nahmen und dadurch von der Kirchenlehre abwichen. Dass es nun gerade 95 waren, könnte an örtlichen Gegebenheiten gelegen haben.

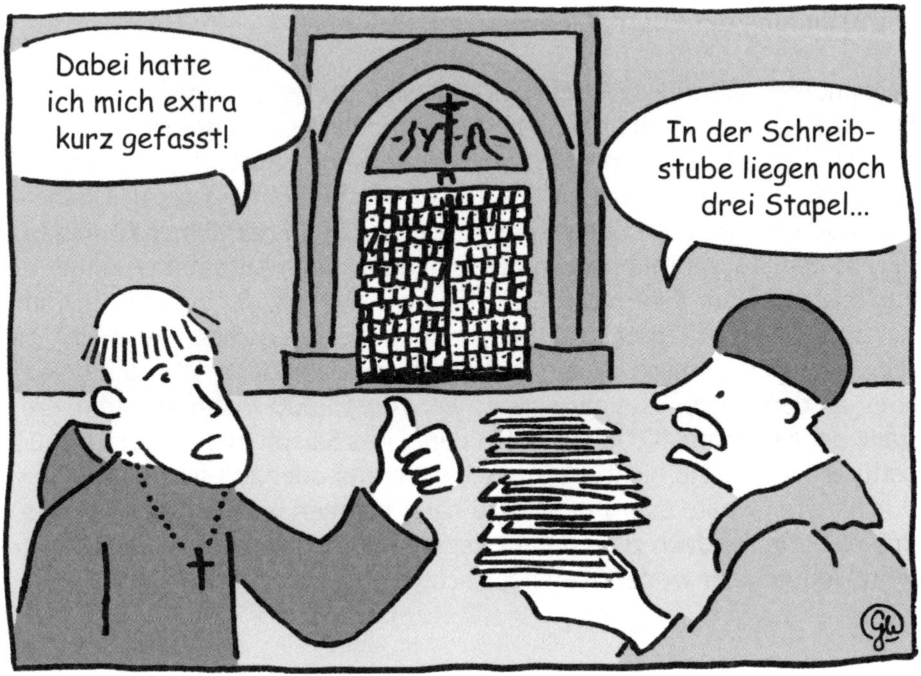
Dabei hatte ich mich extra kurz gefasst!
In der Schreib-stube liegen noch drei Stapel...

Die Erfindung der Prioritätenliste

Kein anderer Kaiser des Mittelalters ist so von Legenden umwoben wie der Staufer Friedrich I. Barbarossa, von 1155 bis 1190 Kaiser des Heiligen Römischen Reiches. Schon sein volkstümlicher Beiname „Rotbart“, der bereits im 13. Jahrhundert fester Namensbestandteil wurde, hebt ihn aus der Reihe der anderen deutschen Könige und Kaiser hervor. In der Kölner Königschronik aus dem 13. Jahrhundert wurde seine kaiserliche Autorität gerühmt, und im 19. stand er im Zentrum eines nationalen Mythos, der in der Sage vom Kaiser, der im Kyffhäuser schläft und erst in „besseren Zeiten“ erwacht, gipfelte. Weniger rühmlich ist sein Ende. Kurz vor dem Ziel des Dritten Kreuzzugs, an dem Barbarossa mit einem Heer von 15.000 Mann teilnahm, ertrank der Kaiser am 10. Juni 1190 in dem Fluss Saleph in der heutigen Südosttürkei. Man weiß nicht, ob er – schwimmend oder zu Pferde – den Fluss durchqueren wollte oder nur ein Bad hatte nehmen wollen. Nach adligem Brauch hatte Friedrich zwar Reiten, Jagen und den Umgang mit Waffen gelernt, konnte aber weder lesen noch schreiben...

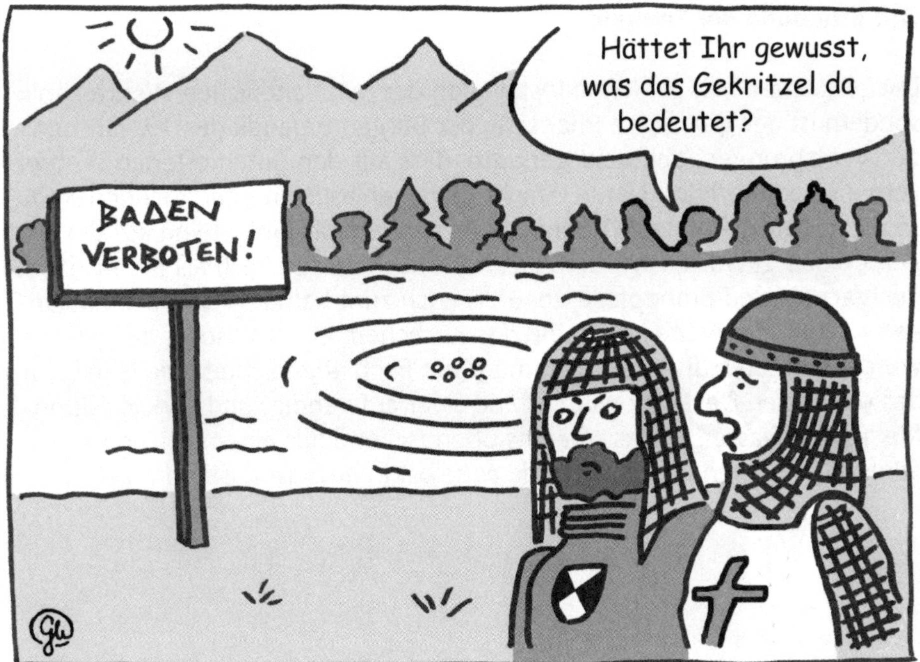
Hättet Ihr gewusst, was das Gekritzel da bedeutet?
BADEN VERBOTEN!

Die Erfindung der Zeitlupe

Die „Pechnase“ ist gar keine Installation der mittelalterlichen Wehrtechnik, sondern ist der gruseligen Phantasie der Burgenromantik des 19. Jahrhunderts entsprungen, der nicht genügte, dass aus den unten offenen Wehrerkern – so der korrekte Name – nicht etwa heißes Pech oder kochendes Öl – so die andere schmutzige Phantasie – , sondern profane Steine auf die Belagerer hinab geworfen wurden. In Wirklichkeit wurde Pech als Brennstoff für Pechfackeln und Brandpfeile genutzt, auch zum Kalfatern von Schiffsplanken – schon die Arche Noah und das Körbchen, in dem Moses ausgesetzt wurde, wurden laut Altem Testament mit Pech abgedichtet. Die Herstellung des schwarzen Destillationsrückstands war aufwendig, und wirklich dünnflüssig wie Wasser, so dass man es überraschend aus einem solchen Torerker hätte gießen können, wurde es selbst in heißem Zustand nicht.

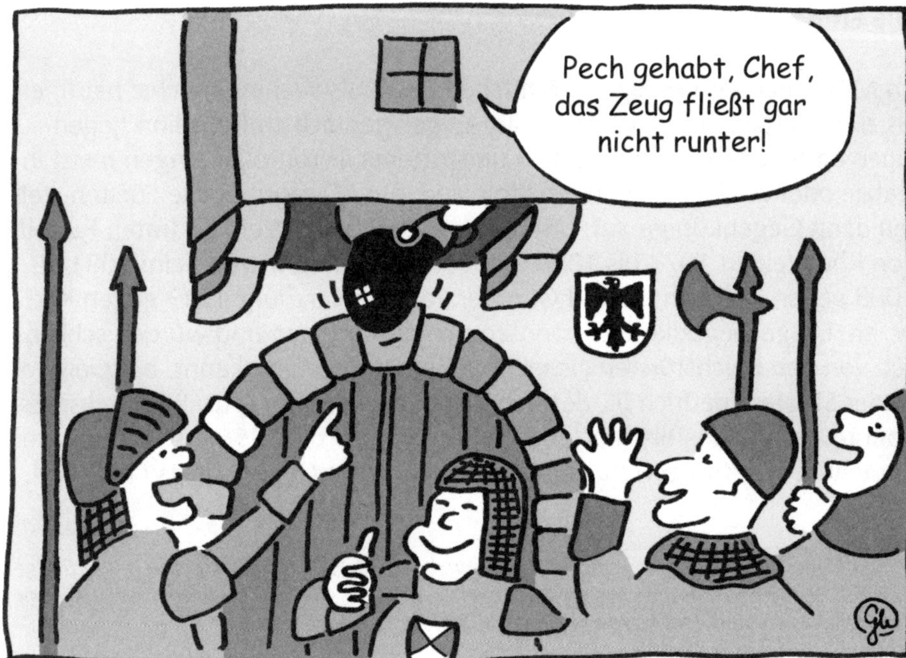
Pech gehabt, Chef,
das Zeug fließt gar
nicht runter!

Die Erfindung der Stichwahl

Im Mittelalter – im Heiligen Römischen Reich als Wahlmonarchie häufiger als zum Beispiel in Frankreich – kam es gelegentlich zu Rebellion gegen einen amtierenden König. Neben umstrittener Thronfolge gingen meist instabile oder unklare Machtverhältnisse voraus. Oppositionelle Fürsten stellten dann Gegenkönige auf, um die Herrscher zu stürzen. So traten Rudolf von Rheinfelden 1077 bis 1080 und danach Hermann von Salm 1081 bis 1088 gegen Heinrich IV. und Günther von Schwarzburg 1349 gegen Karl IV. an. Einige Gegenkönige konnten sich durchsetzen und wurden schließlich von den Reichsfürsten als rechtmäßige Könige anerkannt, beispielsweise der Staufer Friedrich II., der sich gegen den Welfen Otto IV. durchsetzen konnte, wenn auch erst nach drei Jahren. Durch die 1356 erschienene Goldene Bulle zur Königswahl wurde die Wahl eines Gegenkönigs erschwert.

Die Goldene Bulle ist ein königliches Gesetzbuch, von 1356 an so etwas wie das Grundgesetz des Heiligen Römischen Reiches. Es regelte vor allem die Wahl der deutschen Könige durch die Kurfürsten. Der Name bezieht sich auf das goldene Siegel, das die Urkunde fälschungssicher machen sollte.

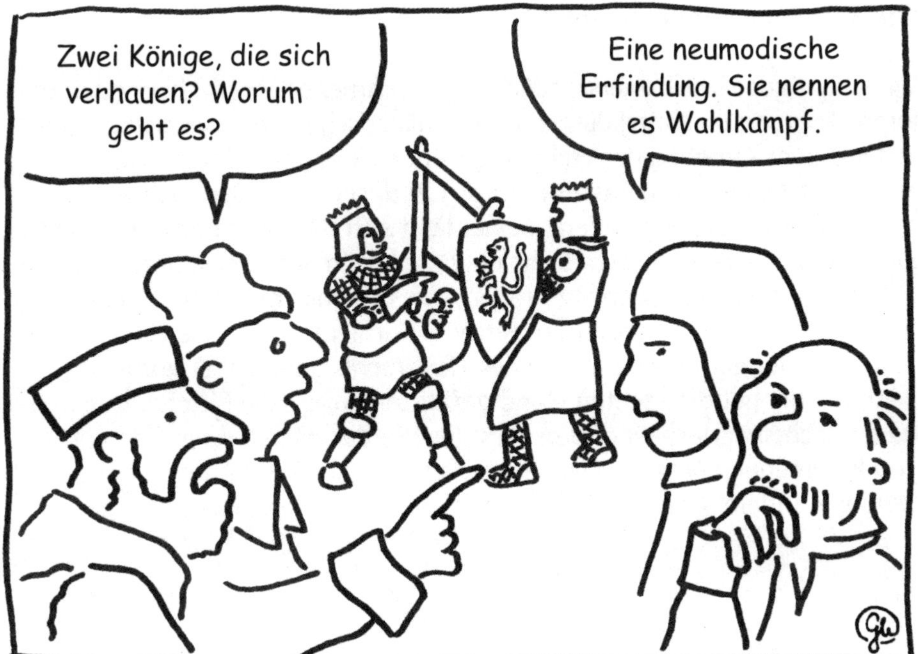
Zwei Könige, die sich verhauen? Worum geht es?
Eine neumodische Erfindung. Sie nennen es Wahlkampf.

Die Erfindung der Kontinentaldrift

Viele heutige, als selbstverständlich angenommene Gewohnheiten haben ihren Ursprung im Mittelalter, z. B. der militärische Gruß, der sich bekanntlich aus dem Anheben des Helmvisiers entwickelt hat. Könnte also nicht auch die Übereinkunft, dass die Autos auf unseren Straßen rechts fahren, mittelalterliche Gründe haben? Leider lässt sich das nicht beweisen, aber es gibt ein paar Theorien. Zum Beispiel war es beim Schwertkampf zu Pferde hilfreich, rechts zum Gegner zu reiten, um sich links mit dem Schild decken zu können. Vor allem aber ritten Ritter in Turnieren, wie viele zeitgenössische Abbildungen beweisen, bei der Tjost rechts aneinander vorbei und richteten die mit der rechten Hand geführte Lanze – die Ritter waren in der Regel Rechtshänder – über den Hals des Pferdes nach links auf den entgegen kommenden Gegner. Dass auch damals schon der Spruch „Andere Länder – andere Sitten“ galt, hat ebenfalls Spuren hinterlassen…

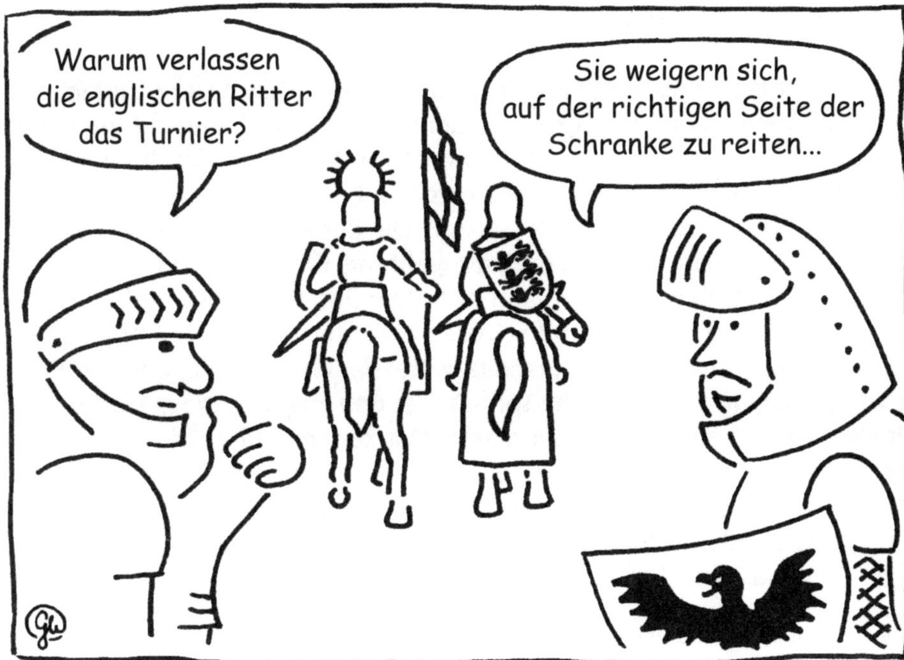
Warum verlassen die englischen Ritter das Turnier?
Sie weigern sich, auf der richtigen Seite der Schranke zu reiten...

Die Erfindung des Sommerlochs

Wie erobert man eine Burg? Man macht ein Loch in die Mauer. Einfacher gesagt als getan, aber das Ergebnis einer solchen Gewaltanwendung nennt man „Bresche“. Aus Sicht der Verteidiger ist nun höchste Gefahr angesagt, denn die unliebsamen Besucher neigen dazu, hereinzudrängen und in der Burg Feuer zu machen, und zwar überall. Die Burgbesatzung muss sofort etwas unternehmen. Bevor man daran geht, die Öffnung wieder mit Baumaterial zu schließen, muss jemand die unerwünschten Gäste aufhalten, bevor sie die Burg betreten und Schaden anrichten. Wenn die Öffnung zu Beginn noch relativ schmal ist, ist das Mittel der ersten Wahl, dass ein Ritter in voller Rüstung in die Bresche springt, der den Engpass wie ein wehrhafter eiserner Korken unpassierbar macht. Wir können mit an Sicherheit grenzender Wahrscheinlichkeit davon ausgehen, dass es im Mittelalter keine solchen sozialen Errungenschaften wie „Feierabend" gegeben hat; der traurige Zustand mancher Ruinen könnte aber darauf hindeuten, dass wenigstens sowas wie „Urlaub“ bekannt war...

Wie viele andere Wörter in der Militärsprache kommt auch die „Bresche" aus dem Französischen: brèche bedeutet so viel wie Öffnung, Spalt.

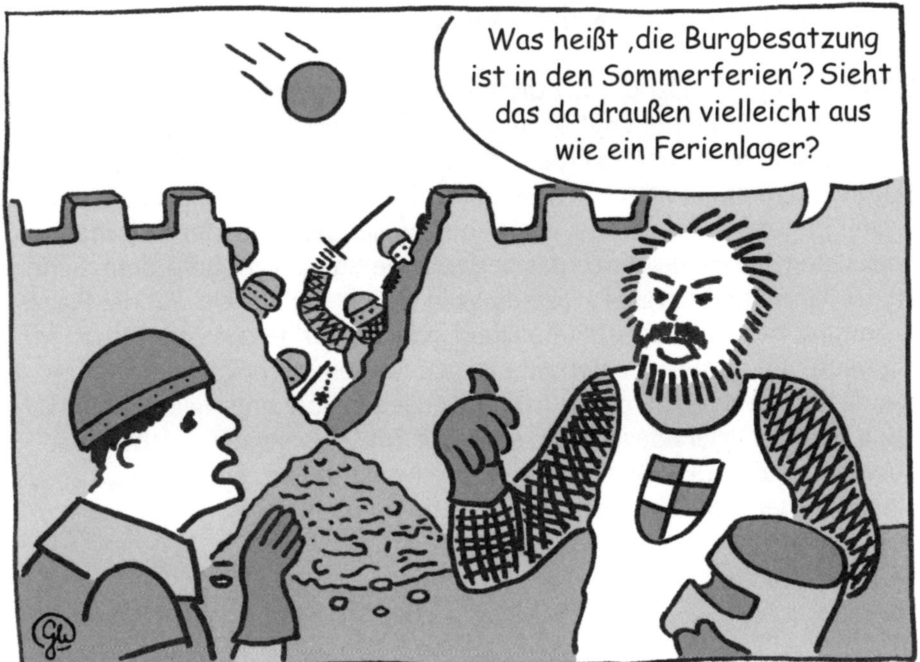
Was heißt ‚die Burgbesatzung ist in den Sommerferien'? Sieht das da draußen vielleicht aus wie ein Ferienlager?

Die Erfindung der Tatsachenentscheidung

Bekanntlich gilt England, trotz der bisweilen suboptimalen Spielweise derjenigen, die – nach dem mittelalterlichen Wappen des Königreichs – als „three lions“ bezeichnet werden, als das Mutterland des Fußballspiels. Schon im Frühmittelalter soll dort eine frühe Art des heutigen Spiels verbreitet gewesen sein, bei der Bewohner zweier benachbarter Ortschaften versuchten, einen Ball durch das gegnerische Stadttor zu befördern. Schon im 15. Jahrhundert wurde – allerdings in Italien – in Florenz auf der Piazza di Santa Croce in einer Art Fußballfeld gekickt, auf dessen Abmessungen die heute üblichen Maße von 68 mal 105 Metern zurückgehen. Damals wurde auch festgelegt, dass einzig die erzielten Tore entscheiden und nicht etwa schönes Spiel oder gar das schönste Trikot. Besonders wichtig war aber, dass auf dem Fußballplatz alle gleich sein sollten, ein Herr konnte also einem Diener nicht befehlen, ihm den Ball zu überlassen.

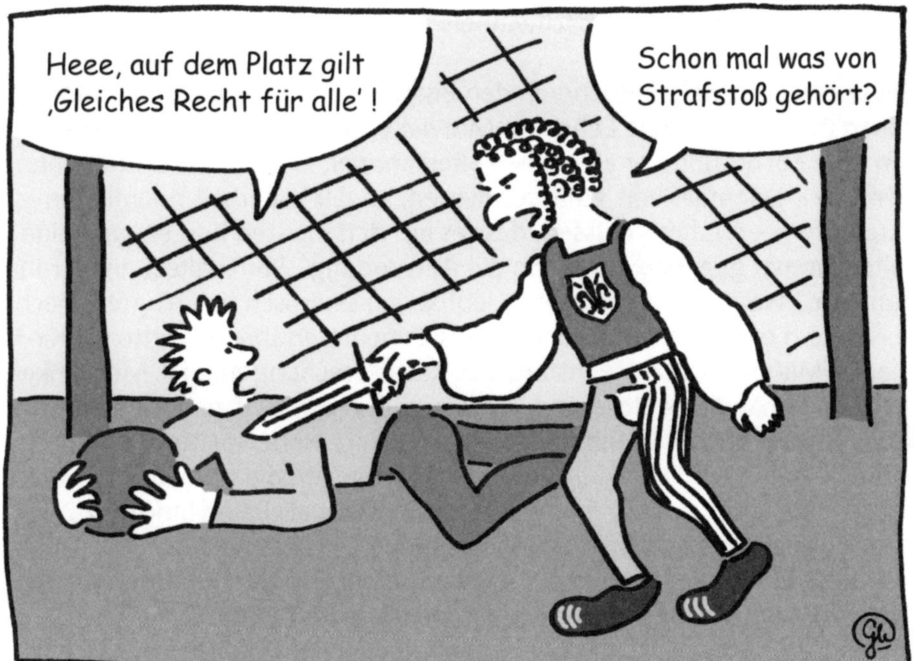
Heeee, auf dem Platz gilt ‚Gleiches Recht für alle' !
Schon mal was von Strafstoß gehört?

Die Erfindung des Etikettenschwindels

Heute erwarten viele Besucher in den Burgen nicht etwa sachliche Informationen über das normale Leben im Mittelalter, sondern wollen zweierlei sehen: den Kerker und vor allem die Folterkammer. Groß ist die Enttäuschung, wenn sie – jedenfalls von gut informierten, an der Wahrheit orientierten Burgführern – erfahren müssen, dass es auf den meisten Burgen gar keine Folterkammer gegeben hat, denn die Anwendung „kriminaltechnischer Instrumente" war ja nicht etwa eine Liebhaberei sadistisch veranlagter Knechte, sondern ordentlicher Bestandteil des Gerichtsverfahrens. Hatte die Kirche, im Mittelalter oberste Instanz der Rechtsprechung mit der Möglichkeit, bei Zuwiderhandlung Hölle und Verdammnis in Aussicht zu stellen, körperlichen Zwang bei der Wahrheitsfindung noch im Hohen Mittelalter abgelehnt, so änderte sich das im Glaubenskampf gegen die Katharer und Waldenser. Wie kaum anders zu erwarten, war 1252, als Papst Innozenz IV. in einer Bulle gegen die Ketzer „zurückhaltende Gewaltanwendung" erlaubte, um Geständnisse zu „erlangen", die Büchse der Pandora geöffnet und die Tortur fand rasch Eingang auch in das weltliche Verfahren.

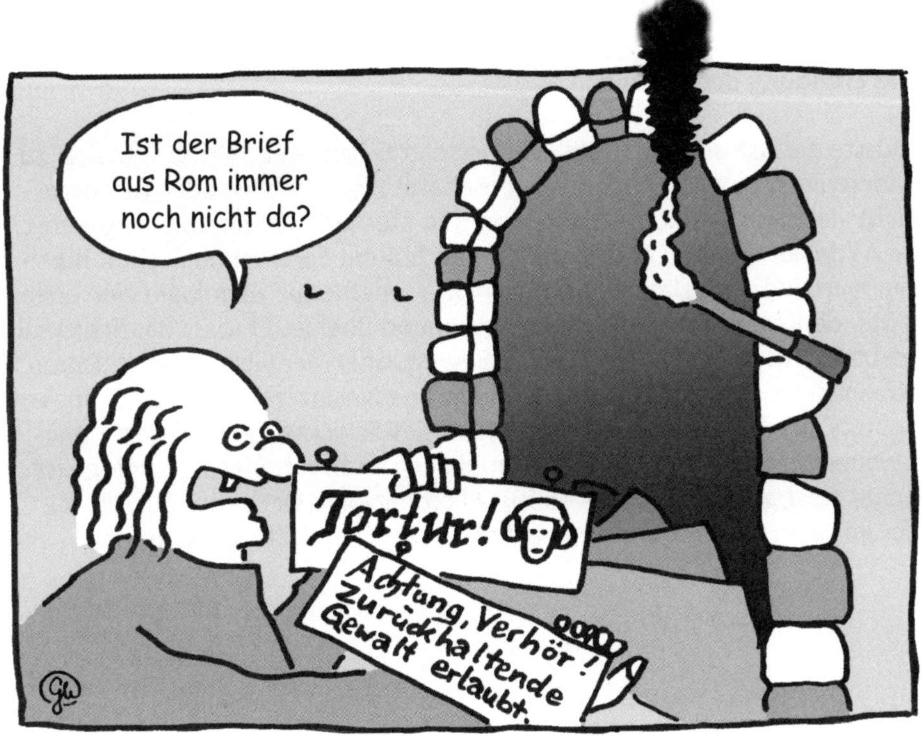

Ist der Brief aus Rom immer noch nicht da?
Tortur!
Achtung, Verhör! Zurückhaltende Gewalt erlaubt.

Die Erfindung der Zukunft

Müsste die Astronomie (wörtlich übersetzt Gesetz der Sterne) – analog zu anderen erst zu nehmenden Wissenschaften wie Biologie oder Geologie – nicht vielmehr Astrologie (Lehre von den Sternen) heißen und umgekehrt? Im Mittelalter, als das Nachdenken über höhere Sphären noch stark durch Glauben und Aberglauben dominiert war, erlebte die Astrologie eine erste Blüte, denn es waren viele Menschen davon überzeugt, dass das Schicksal vorbestimmt sei. Da boten sich die Bewegungen der Gestirne bzw. Deren scheinbare Gesetzmäßigkeiten als Erklärungsansatz an. Ab dem 12. Jh. verbreitete sich in Europa das Vorhersagen des Schicksals gemäß den Planetenbewegungen innerhalb der Sternbilder; der berühmteste Astrologe ist sicher Nostradamus (1503 - 1566). Allerdings gab es bei der Zuordnung der im Jahreskreis Geborenen zu Tierkreiszeichen Widersprüche.

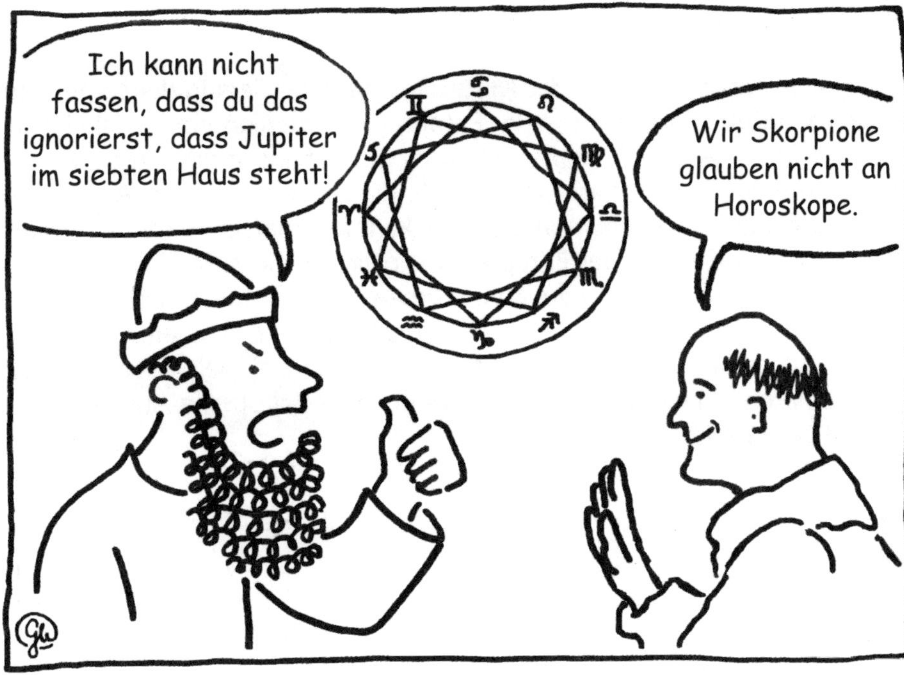
Ich kann nicht fassen, dass du das ignorierst, dass Jupiter im siebten Haus steht!
Wir Skorpione glauben nicht an Horoskope.

Die Erfindung der Meinungsumfrage

Bekanntlich gehen das Ende des Mittelalters und der Beginn der so genannten Neuzeit unter anderem mit der Entdeckung Amerikas einher. Die Neue Welt brachte eine erhebliche Bereicherung des Lebens in der Alten. Damit ist nicht nur der Zuwachs an Reichtum für die Eroberer und ihre Auftraggeber gemeint, sondern auch neue, unbekannte Lebensmittel bereicherten ab 1492 den Speiseplan der Europäer; Pflanzliches wie Kartoffeln und Mais, aber auch essbare Tiere wie die Pute wurden erstmals aus Amerika importiert. Früchte und Gemüse wurden allerdings durch die wochenlange Überfahrt nicht frischer; nach der Ankunft eigneten sich beispielsweise die in Europa bis dato unbekannten Tomaten nur noch als ballistische Ausdrucksmittel der Kulturkritik.

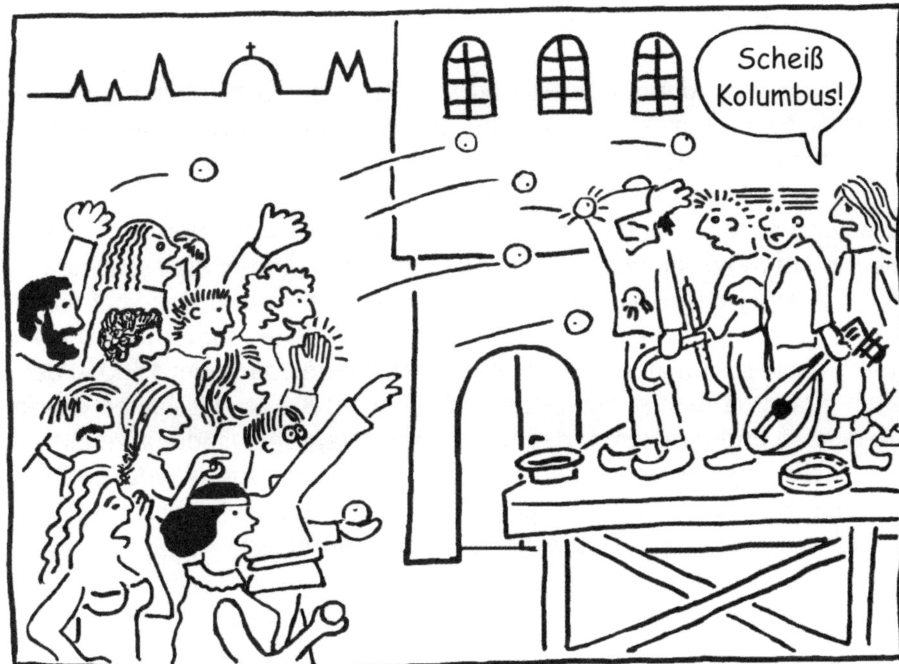
Scheiß Kolumbus!

Die Erfindung des Über-Sinnlichen

Burgen, vor allem deren Ruinen, sind seit jeher Orte des Unheimlichen gewesen. Besonders im 19. Jahrhundert, dem Zeitalter der Romantik, gehörte es zu einer echten Burg einfach dazu, ein Hausgespenst zu haben. Auch alte Sagen berichten von Geistern, die in einer bestimmten Burg umgehen. Viele Erscheinungen sind mittlerweile als physikalische Phänomene entlarvt. Andere sind möglicherweise auch darauf zurückzuführen, dass es Zeiten gab, in denen sich die Mode änderte. Zum Beispiel ist es bis ins Spätmittelalter, ja bis ins 16. Jahrhundert hinein in Burg wie Bauernhaus normal gewesen, nackt zu schlafen. In der Oberschicht wurde dann um 1500 in der kalten Jahreszeit dem Klima Rechnung getragen; das Nacktschlafen wurde aufgegeben und das Hemd, das zur normalen Tagesgewandung gehörte, auch nachts angelassen. Daraus entwickelte sich ein neues Kleidungsstück, das eigentlich nur im Bett getragen wurde, aber bei Außeneinsätzen gelegentlich zu Missverständnissen Anlass geben konnte.

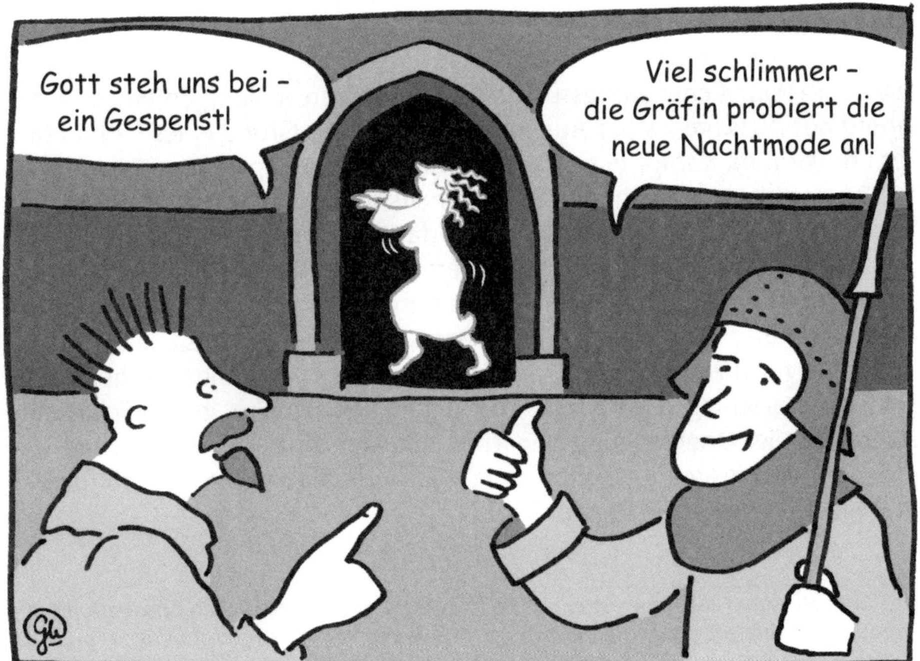
Gott steh uns bei - ein Gespenst!
Viel schlimmer - die Gräfin probiert die neue Nachtmode an!

Die Erfindung des Interviews

Nach mittelalterlicher Auffassung konnte eine Verurteilung entweder auf Grund der Aussage zweier Augenzeugen oder auf Grund eines Geständnisses erfolgen. Im Kampf mit den Katharern ordnete Papst Innozenz im Jahre 1252 erstmals eine Methode der Wahrheitsfindung an, die ab dann bis zum Ende des Mittelalters – und leider auch darüber hinaus – Bestandteil des Strafrechts war und allerorten praktiziert wurde. Diese als „Folter" oder „peinliches Verhör" („peinlich" abgeleitet von lat. poena = Strafe) bezeichnete Befragung stellte heutige Methoden, mit denen hauptsächlich die Journaille versucht, aus prominenten Zeitgenossen Geständnisse herauszupressen, um Schlagzeilen daraus zu machen, druckmäßig in den Schatten. Nach aktueller Überzeugung bedarf es ja keiner offiziellen Bestätigung mehr, sondern es genügt schon ein etwas undeutliches Dementi für den Pranger – pardon – die Presse.

Die Katharer waren Anhänger einer radikalen Sekte des mittelalterlichen Christentums und wurden als Anhänger einer Irrlehre verfolgt. Aus ihrem von ihnen selbst übrigens nicht verwendeten Namen, der „die Reinen" bedeutet, leitet sich die Bezeichnung Ketzer ab.

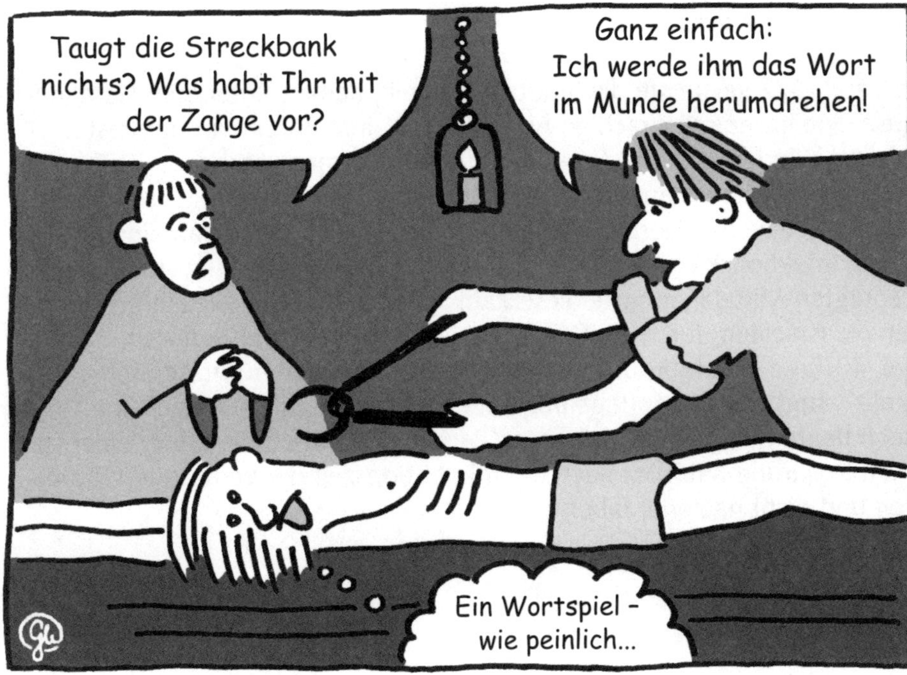
Taugt die Streckbank nichts? Was habt Ihr mit der Zange vor?
Ganz einfach: Ich werde ihm das Wort im Munde herumdrehen!
Ein Wortspiel – wie peinlich...

Die Erfindung der Kontaktsperre

Im Jahr 1377 versuchte die Stadt Dubrovnik, damals unter dem Namen Ragusa eine italienischsprachige Adriarepublik, ihre Bürger vor der Pest zu schützen, indem sich alle Besucher vor dem Betreten der Stadt 40 Tage lang in speziellen Lagern aufhalten mussten. Aber wieso musste diese Quarantäne, also eine Isolation von Personen, die möglicherweise an einer gefährlichen Infektionskrankheit litten, gerade 40 Tage dauern? Im stark religiös geprägten Mittelalter hatte diese Zahl Symbolcharakter: 40 Jahre wanderten die Israeliten durch die Wüste, 40 Tage weilte Moses auf dem Berg Sinai, 40 Tage fastete Jesus in der Wüste. Vierzig heißt auf Italienisch „quaranta“, und von dieser Regelung leitet sich der Begriff „Quarantäne“ in der noch heute gültigen Bedeutung ab. Heute richtet sich die Dauer einer solchen Isolierung natürlich nach der Inkubationszeit der vermuteten Krankheit und nicht nach der Bibel.

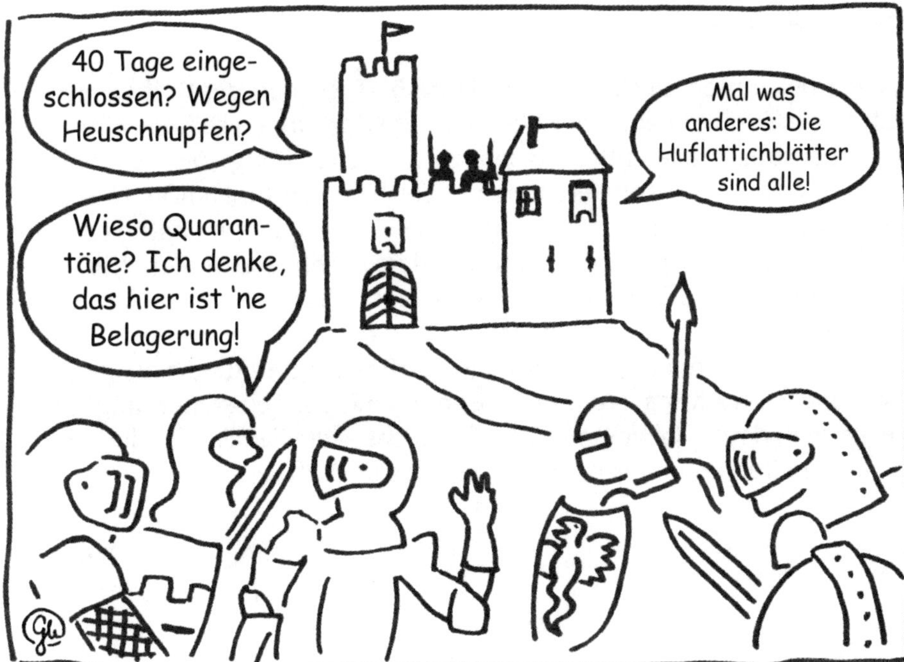
40 Tage einge-
schlossen? Wegen
Heuschnupfen?
Wieso Quaran-
täne? Ich denke,
das hier ist 'ne
Belagerung!
Mal was
anderes: Die
Huflattichblätter
sind alle!

Die Erfindung der Bannmeile

In einer bekannten Quelle aus dem Jahr 1518 schildert der Ritter Ulrich von Hutten die Zustände auf einer typischen Provinzburg im späten Mittelalter. Die Lebensqualität ließ offenbar sehr zu wünschen übrig, denn die ohnehin schon engen Burgen enthielten, neben den Räumen für Familie, Gesinde und Soldaten, auch Ställe für Schafe, Schweine, Rinder und natürlich Pferde. Auch waren sie mit Kriegsgerät und dessen stinkendem Zubehör wie Pech, Schwefel und Schießpulver vollgestopft. Dies, die ungenügenden sanitären Bedingungen – Stichwort Aborterker – und diverse frei laufende Hunde und Katzen, die die Aborte ignorierten, sorgten für ein ausgesprochen ländliches Aroma in der Burg. Es muss mit der Zeit so unerträglich gewesen sein, dass – so weit die Gerüchteküche – die Familie des Burgherren auf andere Burgen umgezogen sein soll, bis die Luft wieder rein war.

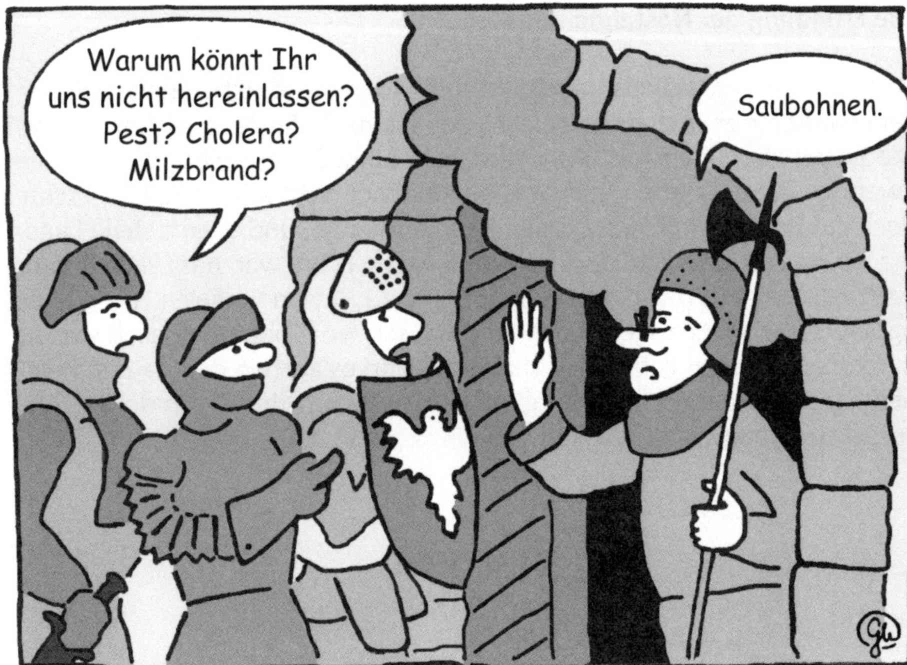
Warum könnt Ihr uns nicht hereinlassen? Pest? Cholera? Milzbrand?
Saubohnen.

Die Erfindung der Nostalgie

Das Ende des Mittelalters wurde – unter anderem – durch die neuartigen Feuerwaffen markiert, denen die Burgen kaum Widerstand leisten konnten. Die Bewohner gaben ihre Wohnstätten, die ihre Trutzigkeit und damit ihren Zweck eingebüßt hatten, auf, was ihnen sicher nicht schwer fiel, herrschten doch auf den unwirtlichen Burgen Kälte und Enge, und die oft steile Lage machte es beschwerlich, dort zu wohnen. Die Folge war, dass viele Burgen nach Jahrhunderten verlassen wurden und zu Ruinen verfielen. Viele bisherige Burgbewohner zogen um in Stadthäuser, wo es ihnen möglich war, am modernen urbanen Leben teilzuhaben. Wenn es auch in der Stadt sicher bequemer war als auf einer Burg, so gab es doch Gründe, sich dorthin zurückzusehnen…

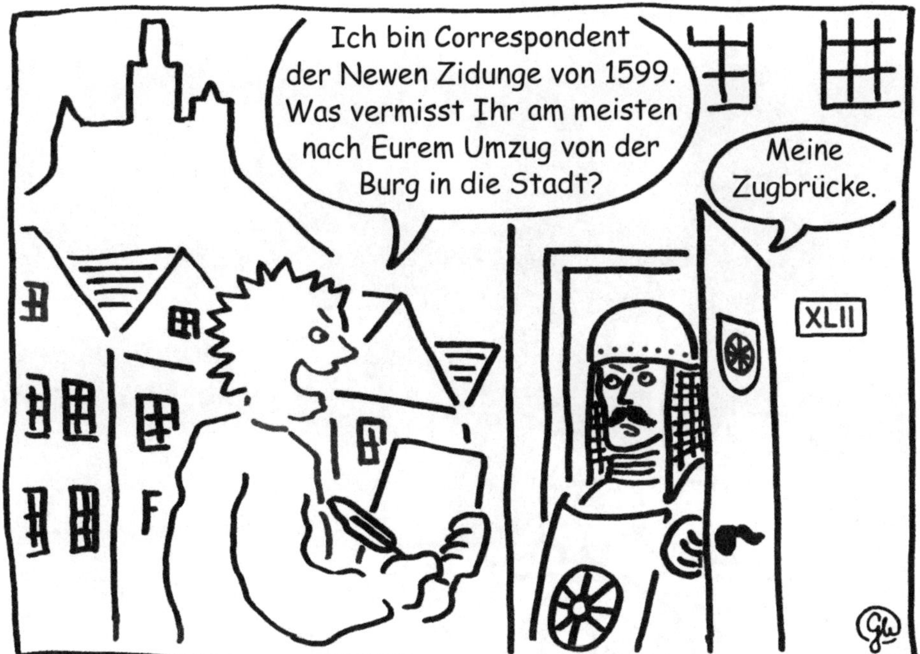
Ich bin Correspondent der Newen Zidunge von 1599. Was vermisst Ihr am meisten nach Eurem Umzug von der Burg in die Stadt?
Meine Zugbrücke.
XLII

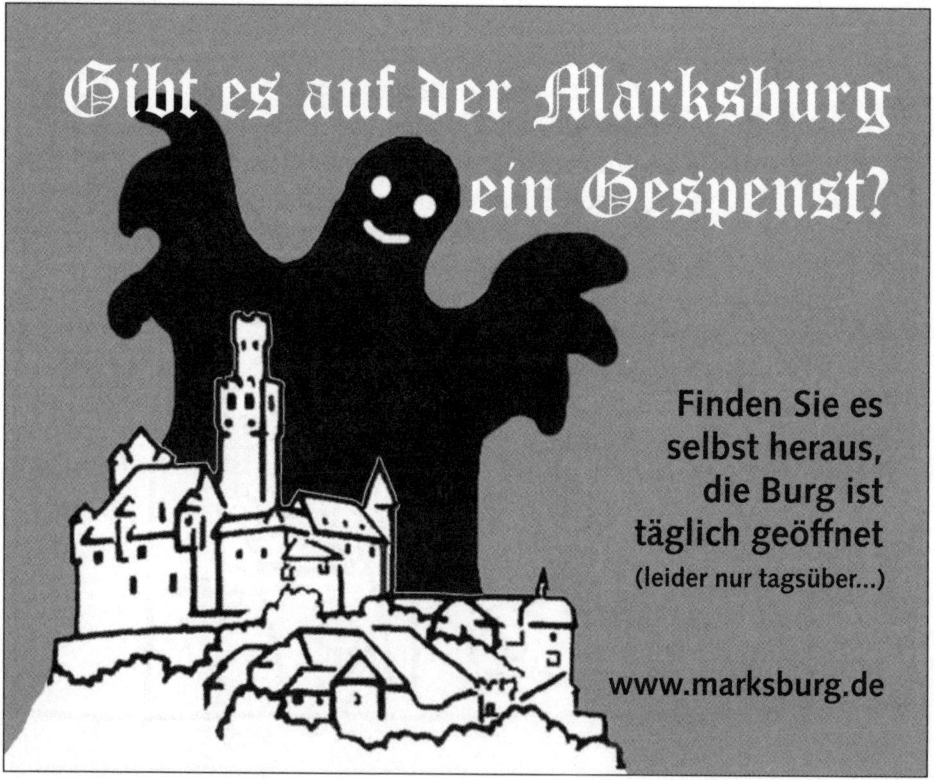

Titel des Autors im Programm des Regionalia-Verlags:

Die drei von Gerhard Wagner vorliegenden Bände über jeweils 200 Redewendungen bestechen durch eine Fülle an Hintergrundinformationen und den Kenntnisreichtum des Autors, der den Leser durch seine Kompetenz, aber auch durch seinen Humor von der ersten bis zur letzten Zeile zu fesseln vermag. Zusätzlichen Genuss bietet die Vielfalt der die Redewendungen begleitenden Illustrationen. Alle Hardcover-Bände im Format 16.5 x 19.8 cm haben 128 Seiten und sind im Buchhandel für 6,95 Euro erhältlich.

Schwein gehabt! Redewendungen des Mittelalters

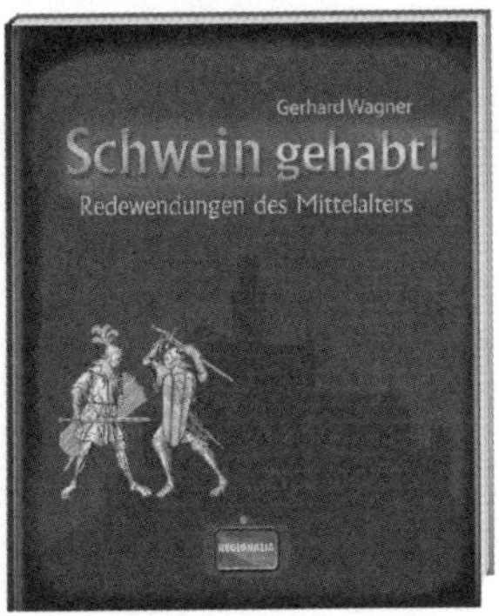

Viele werfen die Flinte ins Korn, weil sie bei Redewendungen mit ihrem Latein am Ende sind. Es geht ja auch auf keine Kuhhaut, wie viele Menschen alte Redensarten nicht mehr verstehen und von Tuten und Blasen keine Ahnung haben. In diesem Buch wird keinem ein X für ein U vorgemacht, sondern die Herkunft von über 200 Redewendungen geklärt, ob tatsächlich oder nur scheinbar aus dem Mittelalter.

ISBN 978-3-939722-31-1

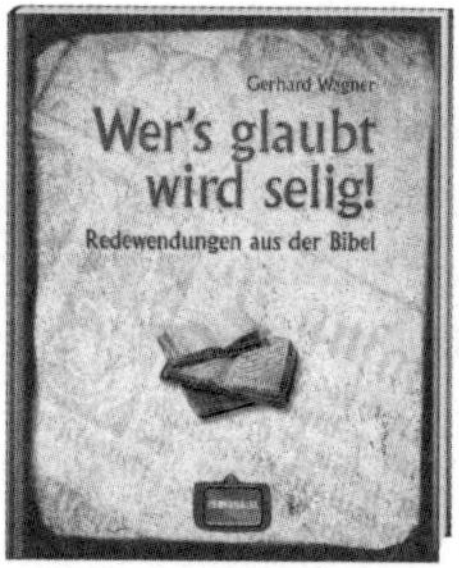

**Wer's glaubt wird selig!
Redewendungen aus der Bibel**

Manche gehen von Pontius zu Pilatus, werden so alt wie Methusalem oder gehen sogar über den Jordan, aber wer suchet, der findet und kann dann seine Hände in Unschuld waschen. 200 Redewendungen aus dem Alten und Neuen Testament werden inklusive Originalzitat und Bibelstelle bis auf das Tüpfelchen auf dem i geklärt.
ISBN 978-3-939722-36-6

**Das wissen die Götter!
Redewendungen aus der Antike**

Ob man nun eine Achillesferse hat oder mit einer Xanthippe verheiratet ist – wenn man einen Musenkuss bekommt und den Pegasus reitet, kann man den Gordischen Knoten zerschlagen und sich Lorbeeren verdienen. Dann lächelt Fortuna und gießt ihr Füllhorn aus!
ISBN 978-3-939722-52-6

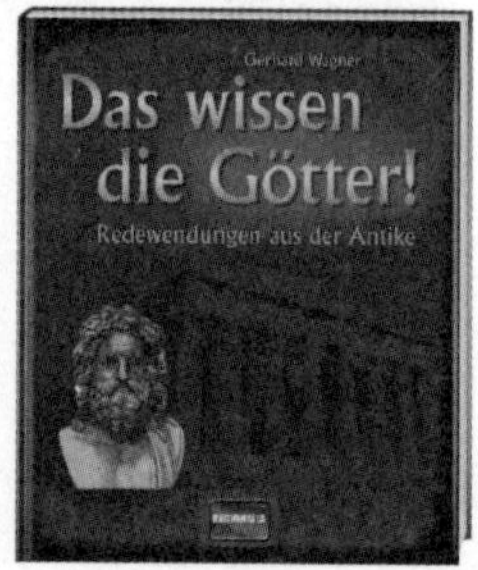